Roman

Bleue Comme Toi

Lucie Renard

Lucie Renard

Droits d'auteur – 2020 ©Lucie Renard

Tous droits réservés

ISBN-13: 9798644527083

Auto-édité

Lucie Renard 2020

Première édition

A Fabienne.

*Un ange, une lumière dans l'obscurité,
une héroïne de la vie réelle.*

Lucie Renard

Au lecteur

Cette histoire est une fiction. Toute ressemblance avec des personnes existantes ou ayant existé serait fortuite. Ainsi, les personnages, les scènes et les événements sont fictifs, issus de l'imagination et de la sensibilité de l'auteur et servent à nourrir l'histoire contée. Ils ne comportent aucun jugement de valeur. Ils sont sans aucun lien avec des faits réels passés ou présents. Cependant, certains lieux existent. C'est la beauté de cette histoire : elle *aurait pu* avoir eu lieu.

Cette nouvelle histoire met en scène des personnages de fiction. Sans volonté de retranscrire un quelconque fait divers réel, j'ai simplement voulu partager avec le lecteur un récit imaginaire situé dans un univers qui a bercé mon adolescence, celui de la mode dans les années 1990. Enfin, j'ai souhaité, comme avec chacun de mes romans, vous faire vibrer au rythme de mes personnages.

J'espère que le voyage vous séduira. Je vous remercie d'avoir choisi ce roman et je vous souhaite, cher lecteur, une très belle découverte.

Lucie Renard

Table des matières

Au lecteur 5
Prologue 9
I 13
II 20
III 32
IV 42
V 56
VI 68
VII 77
VIII 89
IX 102
X 116
XI 130
XII 136
XIII 148
XIV 160
XV 171
XVI 181

XVII	192
Merci	198
Bande originale du livre (BOL)	200
Du même auteur	202
Mentions légales	205
Couverture & titre	205
Note de l'auteure	206

Lucie Renard

Prologue

Décembre 1991. Dans son appartement de Saint-Germain-des-Prés, une jeune femme massait ses pieds martyrisés par des escarpins trop ajustés. Le bleu sur sa cheville, souvenir cuisant d'une rivalité presqu'affichée avec une autre mannequin dans cette course à la lumière des spots, lui rappela que la vie était une jungle impitoyable.

Lentement, elle se leva, s'approcha de la fenêtre qui surplombait le sixième arrondissement de Paris. Lumière éteinte, face à la nuit noire piquée des mille lueurs de la ville, elle contempla son reflet dans la vitre. Elle n'avait pas encore vingt ans, elle avait toute la vie devant elle. Comme si une fée se fût penchée sur son berceau, elle avait cette beauté remarquable qui la faisait sortir du lot. Sélectionnée rapidement après un casting à la fin du lycée, elle avait rejoint les rangs tant convoités de cette élite qui s'affichait sur les pages de papier glacé des magazines et arpentait les *floors* des défilés de mode.

Ses lèvres s'étirèrent dans un sourire doux. Elle repensa à cette autre femme, cette jolie blonde au physique si magnétique qu'elle avait, au prime abord, détestée pour ce qu'elle avait pris de l'arrogance. Les mois passant, elle avait compris que cette apparente froideur n'était qu'un masque pour dissimuler une grande sensibilité, frêle rempart contre la dureté d'une existence qui parfois offre mais souvent reprend.

Combien étaient-elles à avoir embrassé ces rêves de gloire, à avoir cru à l'imminence d'une célébrité aussi intense qu'éphémère. Pour devenir ce somptueux et délicat papillon que le monde entier admire, elles avaient accepté toutes les ingratitudes de la chenille : les douleurs, la fatigue, les rivalités, les coups bas, les regards lubriques et les mains parfois audacieuses.

Elle n'avait pas vingt ans. Elle fixait de ses grands yeux vert émeraude son reflet dans la vitre. Déjà, elle gagnait plus d'argent qu'elle n'en aurait jamais. Elle touchait du doigt la gloire sans voir que parfois, cette flamme blanche, séductrice, pouvait vous brûler vive. Elle vivait à toute vitesse une existence où tout était grand, trop grand parfois, où tous les excès étaient permis, où les expériences et les émotions s'enchaînaient à un rythme qui donnait le tournis.

Elle n'avait pas vingt ans. Dans le silence et l'obscurité de son appartement, elle se sentait en sécurité, comme si rien ne pouvait réellement l'atteindre. Elle était l'illusion, l'image, l'égérie peut-être, un jour, bientôt. Elle pensait à cette femme, cette jolie blonde qui attirait les regards. Elles étaient si *prometteuses*, disait-on.

Dehors, dans la rue, des sirènes retentissaient. Des hommes, des femmes, des blouses blanches investissaient des lieux où des drames se jouaient, où des vies ne tenaient plus qu'à un fil. Mais pas la sienne. Ici, dans le loft confortable et silencieux, elle se sentait en sécurité. Elle travaillait dur et, confiante, elle ne doutait pas que pour elle, pour celles qui, comme elle, étaient les élues, la vie promettait un océan de belles surprises.

C'est l'histoire de deux de ces femmes, deux belles plantes propulsées sur le devant de la scène du monde de la mode du début des années quatre-vingt-dix. C'est l'histoire d'un destin tragique dans lequel un océan de succès peut cacher un abîme sans fond prêt à vous engloutir.

Lucie Renard

I

"I'm off the deep end, watch as they dive in / I'll never meet the ground / Crash from the surface where they can't hurt us / We're far from the shallow now"
Je perds la tête, regarde tandis que je plonge / Je ne toucherai jamais le sol / Je brise la surface, où ils ne peuvent nous blesser / Nous sommes loin de la surface maintenant

Lady Gaga / Bradley Cooper - *Shallow* (OST *A star is born* – 2018)

*****

Février 2019. *Je lui souris. Cette femme qui, par amitié, avait accepté de m'accompagner, un vendredi soir, dans ce petit restaurant aux allures de routier, en bordure d'un rond-point, au milieu de nulle part. L'endroit était très différent des bars à vins plutôt branchés dans lesquels nous avions l'habitude de sortir. Même le GPS de ma petite voiture avait dû lutter pour trouver l'adresse. Elle entamait son troisième verre de vin blanc que la serveuse, à peine majeure, venait de déposer devant elle. Je faisais durer le premier, n'y touchant presque pas. Je conduisais pour rentrer et, étant avec elle à mon bord, j'avais conscience d'avoir charge d'âme.*

— L'égalité homme-femme, c'est n'importe quoi ! C'est un principe imaginé par les machos pour justifier leur laisser-aller et leur médiocrité, trancha-t-elle.

L'homme fronça les sourcils et chercha son prochain argument. Au niveau des joutes verbales, il ne lui arrivait pas à la cheville. Je l'avais compris, et son combat de coquelet m'agaçait déjà. Il aurait dû se cantonner à ce pour quoi il excellait : chanter.

Dix minutes plus tôt, il entamait sa dernière interprétation de la soirée, celle qui devait bouleverser mon amie. Mauvais calcul dans la synchro des chansons, sans doute. Mais il ne pouvait pas savoir.

> « Would you know my name
> If I saw you in Heaven
> Would you be the same
> If I saw you in Heaven[1]... »

Éric Clapton et cette chanson qu'il avait composée à la mort de son fils, défenestré d'un immeuble de New York, vers la moitié des années quatre-vingt-dix... J'avais contemplé le doux visage de mon amie, ses yeux bordés de larmes qu'elle luttait pour retenir, son menton qui frémissait.

— Tu as pitié de moi, là, c'est ça ? m'avait-elle lâché, habillant sa phrase d'un voile d'agressivité pour tenter de masquer sa détresse.

— Non. Je ressens ta peine, je me doute à quoi elle fait écho. C'est tout, avais-je répondu, cherchant mes mots, sachant que la moindre parole maladroite serait une catastrophe alors qu'un fantôme de vingt-cinq ans en arrière nous avait, le temps d'un solo de guitare, rejointes à table.

S'arrachant à mon regard, elle avait fait signe à la serveuse, indiquant son verre vide, se justifiant à mon adresse.

---

[1] Te rappellerais-tu mon nom / Si je te croisais au paradis / Serais-tu le même / Si je te croisais au paradis
Eric Clapton – *Tears in heaven*

— J'hésitais, mais là je n'hésite plus.

Puis à la jeune barmaid.

— Vous me remettez le même, s'il vous plaît ?

Même brisée, même sur la voie de l'ébriété, elle était belle. Elle avait cette classe inhérente aux belles familles, à l'éducation bercée de culture, de livres classiques, de soirées de rallye ignorant au départ la lutte des classes car placée d'office au-dessus de la mêlée. Elle vérifia le nœud de son foulard. Je ne la dévisageai pas plus longtemps, consciente de son trouble, immense. Je lui laissai le temps d'être triste, le temps d'une chanson qui la bouleversait plus que les mots eux-mêmes.

Je reportai mon attention sur le chanteur. Sa voix était belle, claire. Il maîtrisait chaque note, chaque accord, chaque intonation. Il avait du « métier ». Il suscitait l'admiration. Il le savait. Il en jouait, même. Pour tenter de m'impressionner, notamment. Il avait un petit faible pour moi, il me l'avait dit. Je n'étais pas plus que cela intéressée, ma vie était déjà assez compliquée comme cela sans y adjoindre un mec et ses casseroles. Mais j'étais curieuse, et avouons-le, un peu flattée. Alors, j'étais venue écouter son répertoire de chansons d'amour pour la Saint Valentin. Soyons honnête, j'adorais sa voix. Mais de là à me laisser séduire, il y avait des kilomètres. Alors, j'avais demandé à mon amie de m'accompagner. Je n'avais pas eu à argumenter. Elle avait immédiatement accepté, ajoutant que la soirée serait amusante.

Dans le restaurant, la clientèle composée pour la plupart de couples et de groupes d'amis avoisinant l'âge de la retraite, jetait des regards curieux ou franchement désapprobateurs à l'étrange couple que nous formions toutes les deux, en jeans, *pulls et baskets assortis. Il était sans doute évident pour eux que deux femmes sortant ensemble pour cette fête des amoureux formaient un couple... Je m'amusai de l'étroitesse d'esprit qu'avaient les gens, parfois. J'en jouais, me délectant de cette légère provocation gratuite pour apporter du piment à la soirée. Car, non, nous n'étions pas un couple. Mais nous étions unies par une amitié si forte que le paraître était loin d'être embarrassant, bien au contraire.*

Le chanteur tentait d'accrocher mon regard. Je le lui accordai volontiers. Bientôt, les dernières paroles égrainées, il rangea son micro. Il commanda une bière, et vint s'asseoir à notre table. Je le congratulai sur sa prestation. Les convives avaient dansé, applaudi, repris les refrains en cœur. C'était une bonne soirée pour l'artiste qui, du coup, se sentait en confiance.

Il se lança dans la conversation, l'âme conquérante affichant une volonté d'énoncer de grands préceptes de vie. Il avait sans doute cru que tout le monde serait aussi conciliant que moi, qui acceptais les divergences d'esprit et, parfois, les limites des expériences de chacun. C'était mal connaître Émilie. Ou ne pas la connaître du tout, d'ailleurs. Alors qu'il aborda le danger que représentait le métro parisien pour une femme seule, lui qui n'avait, en tout et pour tout, dû se rendre dans la capitale française que deux fois, pour y prendre le bateau-mouche et visiter la Tour Eiffel, et encore.

Sans prévenir, elle envoya les boulets rouges. Encore bouleversée par les réminiscences réveillées par les Larmes du Paradis[2] d'Éric Clapton, elle n'avait plus de filtre. Il la rabroua,

---

[2] Tears in heaven – Eric Clapton - 1995

prêt à en découdre. J'assistai, me congelant littéralement sur place, à l'effondrement de la soirée qui, pourtant, avait bien commencé. Mais Émilie n'entendait pas se laisser enseigner la vie qu'elle avait vécue par cet homme aux idées passablement étriquées.

Je renonçai à compter les points. Ils allaient sans doute finir à égalité au niveau énervement. Je me contentai d'analyser comment on en était arrivés là. Mon chanteur ne connaissait pas les signes qui indiquaient une éruption volcanique imminente de mon amie qu'il voyait pour la première fois. Je savais quant à moi, par expérience autant que par sensibilité, la décrypter et saisir ces infimes indices du réveil de sa souffrance interne qui indiquaient qu'il fallait urgemment laisser couler...

— Je sors fumer, indiqua-t-elle, bousculant sa chaise qui vacilla dangereusement avant de retrouver sa stabilité.

Restée seule avec mon chanteur un peu déboussolé, je m'employai à le rassurer.

— T'inquiète, ça va aller. Elle souffre. Tu ne pouvais pas le savoir. Il faut laisser couler. Laisse tomber le débat.

— Oui mais je pense que...

— Peut-être mais il faut lâcher l'affaire. Ça ne sert à rien, là. Et puis c'était une bonne soirée. Il ne faut pas la gâcher.

Il fit mine de se ranger à mon point de vue, soucieux de me plaire. Je l'entraînai sur le terrain confortable du succès rencontré par ses interprétations. Il se rasséréna. Je m'autorisai à reprendre la respiration que j'avais, temporairement, retenue.

Émilie revenant, je choisis, pour détendre l'atmosphère, de porter la conversation sur un moment de la soirée où je ne m'étais pas particulièrement illustrée.

— J'avais tellement peur, et je suis sûre que j'ai chanté tellement faux ! me raillai-je moi-même.

Plus tôt dans la soirée, le chanteur m'avait invitée à le rejoindre au micro pour interpréter en duo « Shallow » de Bradley Cooper de Lady Gaga. Glacée de trac, j'avais tenté de limiter la casse, sachant très bien que mes tentatives étaient vaines. Néanmoins, j'avais pris du plaisir à cet acte, légèrement fou à mes yeux, devant un public de personnes que sans doute je ne croiserais plus jamais.

— Ce n'était pas si mal, m'accorda le chanteur. La deuxième partie était déjà beaucoup mieux, ajouta-t-il.

— Au moins, elle, elle l'a fait, renchérit Émilie. Moi je n'en aurais pas eu ce courage.

La chaleur des mots bienveillants de mon amie m'enveloppa. Je me détendis un instant. Je voyais néanmoins que l'homme cherchait le prochain sujet de débat et je me dis que j'en avais assez vu pour la soirée.

— On va y aller ? proposai-je.

Émilie acquiesça.

— Je t'attends dehors, j'en fume une petite, proposa-t-elle.

Je pris une minute pour dire au revoir au chanteur qui posa avec douceur deux bises sur mes joues, d'un air de regret.

— J'ai chanté pour toi, ce soir, me souffla-t-il à l'oreille.

Une chaleur m'envahit. Ce n'était pas forcément un sentiment agréable. C'était un mélange de plusieurs choses, entre le plaisir de se sentir désirée et l'inconfort de saisir que la personne en face attend quelque chose en retour. Je ne répondis pas et m'éloignai légèrement. Je lui sus gré de ne pas tenter davantage. Je n'avais pas envie de monopoliser encore de l'énergie pour le repousser, après cette soirée riche en émotions diverses.

Une fois dehors, le froid me saisit. Je resserrai autour de moi les pans de mon blouson. Je rejoignis Émilie qui finissait sa cigarette, mon chanteur sur les talons. Ce dernier semblait vouloir verser une dernière pincée de piment à la discussion.

— Mais quand même, tu as besoin d'un homme dans ta vie, affirma-t-il en fixant mon amie, pour exprimer sa critique sur son statut de célibataire libérée. Toi aussi, Lucy, ajouta-t-il à mon intention.

— Je n'ai pas besoin d'homme dans ma vie. Ce sont les hommes qui finissent toujours par avoir besoin de moi, le rembarrai-je, agacée.

Il me dévisagea, l'air surpris, peu habitué à ce que je me départisse de la douceur aimable que j'affichais en général en public. Son ignorance candide de qui j'étais réellement me frappa. Il n'ajouta rien. Je rejoignis ma voiture, Émilie à mes côtés. Nous nous enfuîmes dans la nuit noire de ce trou perdu.

II

" I am flying / Like a bird / Cross the sky / I am flying / As in high clouds / To be near you / To be free "
Je m'envole / Comme un oiseau / À travers le ciel / Dans les nuages d'altitude / Pour être près de toi / Pour être libre.

Rod Stewart - *Sailing* (Album: *Atlantic Crossing* - 1975)

*****

Janvier 1992. La maquilleuse appliquait une troisième couche de produits sur le visage d'Émilie. Déjà plus d'une demi-heure qu'elle était à pied d'œuvre. Émilie jeta un coup d'œil vers le miroir d'à côté. Le maquillage de Tam venait d'être achevé. Comme d'habitude, elle était parfaite. Pour Émilie, c'était toujours un peu plus long. Les responsables de casting la choisissaient souvent comme modèle pour son visage très neutre qu'un bon make-up pouvait métamorphoser en n'importe quel type de personnage. Pour Tam, c'était différent. Son visage, au naturel, rayonnait d'une beauté tellement parfaite que même sans artifice, tous les hommes se retournaient sur elle.

Suivant des yeux l'image de son amie renvoyée par le miroir, Émilie vit Tam se diriger vers les salons d'habillages. Bientôt, elle passerait la première tenue du défilé. Le Salon du Prêt-à-Porter de la Porte de Versailles à Paris était l'un des plus importants d'Europe. Il attirait de nombreux professionnels et détaillants qui venaient y choisir les pièces des collections qu'ils proposeraient à leur clientèle dès l'automne suivant. Du fait des délais de fabrication des pièces, les défilés présentaient toujours des collections en décalage de six mois avec ce que l'on pouvait trouver dans les boutiques.

Pour cette collection, le couturier Karl Fitzgerald avait innové dans les mélanges de matières. Il avait, dans plusieurs créations, allié la soie et la viscose, des matières naturelles, avec le tulle pour créer des formes vaporeuses et aériennes. Des jupons, savamment taillés en oblique pour un aspect déstructuré, complétaient sa signature pour cet hiver. Émilie avait hâte d'enfiler sa première tenue, de fouler les planches de l'estrade de son pas leste et assuré, perchée sur des talons vertigineux qui lui feraient largement dépasser le mètre quatre-vingt-dix. Elle aimait ce moment où l'on effectue les premiers pas vers le public, au rythme imposé par la musique entraînante sélectionnée par le couturier comme l'inspiration sonore de la saison. L'adrénaline qui se mêlait alors à son sang la faisait se sentir plus vivante que jamais.

Enfin maquillée, Émilie rejoignit Tam dans les salons d'habillage. Son amie avait enfilé une robe longue dans des tons vert émeraude et terre de Sienne que rehaussait son abondante chevelure blonde. Coupée en biseau, très décolletée dans le dos, c'était un modèle magnifique que la jeune femme mettait parfaitement en valeur. Émilie eut un instant le souffle coupé par la beauté de son amie. A chaque fois, cela lui faisait le même effet. Les mois qui passaient ne parvenaient pas à ternir l'admiration d'Émilie pour Tam.

Émilie décrocha sa tenue, une tunique fluide dans des tons lie-de-vin dont le drapé dénudait les épaules. Elle la porterait avec un pantalon noir agrémenté d'une bande argentée piquée de strass magenta le long de la jambe. La coupe large du pantalon conférait à sa démarche une souplesse légère, comme si elle eût pu se déplacer sans toucher le sol.

— Tu es belle, ma chérie, glissa Tam à l'oreille d'Émilie en passant près d'elle.

Émilie sourit, attrapa au vol la main de Tam, laissa ses doigts courir le long de la paume si douce, jusqu'aux ongles vernis de brun doré, avant de la laisser filer. Le début du défilé était imminent.

Les filles se placèrent dans leur ordre de passage. Les habilleuses se tenaient prêtes pour assister les changements de tenue. Rien n'était laissé au hasard. Chaque fille qui terminait un passage était immédiatement prise en charge pour se changer en quelques secondes et effectuer les retouches éventuellement nécessaires sur son maquillage. Bientôt, les coulisses bourdonneraient comme une ruche et Émilie ne penserait plus à rien d'autre qu'à ses passages successifs, se méfiant des éventuels coups de pieds que certaines filles pourraient lui administrer par maladresse ou, plus probablement, pour attiser la compétition.

Elles enchaînaient les passages à un rythme soutenu. Émilie laissait l'instinct, acquis par plusieurs années de mannequinat, la guider dans cette routine parfaitement orchestrée. Quarante-cinq minutes plus tard, tout était terminé. Les robes allaient regagner les ateliers de haute couture où elles seraient nettoyées et entreposées précieusement pour le Salon de Milan la semaine suivante, avant de prendre le chemin de la *Fashion Week* de New York.

Sans prendre le temps de se démaquiller, les deux filles se changèrent rapidement. Un jean, une chemise blanche cintrée, un blazer, Émilie troqua ses escarpins vertigineux pour une paire de *Converse* et rejoignit Tam qui brossait ses cheveux. Les deux jeunes femmes se ruèrent hors des halls d'exposition alors que la foule commençait à se disperser. Vingt-deux heures trente. Les locaux fermeraient au public à vingt-trois heures. Débuterait alors le ballet des gens de l'ombre, ceux qui démontaient les stands, rangeaient les précieuses pièces des collections dans les penderies portatives et les carnets de commandes dans les pilot-cases, chargeaient les camions. La plupart d'entre eux ne seraient pas chez eux avant quatre ou cinq heures du matin.

Dans la rue, Porte de Versailles, Tam arrêta un taxi. Les deux femmes se laissèrent tomber sur la banquette moelleuse et légèrement crasseuse.

— À la *Locomotive*, s'il vous plaît, indiqua Tam, avant de poser sa tête sur l'épaule d'Émilie.

Cette dernière lui caressa la joue, distraitement, savourant ce moment de calme et de repos avant la soirée. Elle aimait quand son amie s'abandonnait ainsi. Cela lui arrivait rarement. Tam était souvent sur le qui-vive, prête à en découdre. Elle ne s'accordait de moments de lâcher-prise qu'avec Émilie. Cette dernière alluma une cigarette qu'elle passa à Tam. Le conducteur du taxi ouvrit la fenêtre arrière du véhicule, laissant le vent froid de janvier pénétrer dans l'habitacle.

— Je ne fume pas, expliqua-t-il, alors vous comprenez...

— Hmm mouais, marmonna Émilie, légèrement agacée.

Tam prit une bouffée, puis rendit la cigarette à son amie tout en soufflant la fumée au dehors. De sa main qui ne tenait pas la clope, Émilie caressait toujours la joue douce, couverte de crèmes et de fonds de teint. De l'autoradio grésillant, la voix rauque de Rod Stewart racontait sa traversée.

« *I am flying / Like a bird / Cross the sky / I am flying / As in high clouds / To be near you / To be free* ».

Émilie sentait son cœur se serrer, sans qu'elle ne sût vraiment pourquoi. La tension accumulée au cours de cette journée de salon peut-être, l'enjeu du défilé, la pression qui retombait, tout à coup, dans le taxi qui filait dans la nuit illuminée de Paris.

— J'en veux un ce soir, annonça Tam. Je veux fumer puis j'en veux un, beau, pas trop con. J'ai envie.

— Hum hmmmmm, approuva Émilie.

La jeune femme se disait que ce pourrait être une bonne idée. Cela ferait du bien, de s'oublier, quelques minutes ou quelques heures, dans les bras d'un homme. Sentir son corps vibrer, s'envoler, légère comme cet oiseau dans le ciel du chanteur à la voix rauque, vers ces nuages d'altitude. A cette idée, son corps frémit dans une douce chaleur impatiente. Distraite, elle jeta le mégot par la fenêtre du taxi, d'une pichenette, alors que le véhicule arrivait en vue des lumières du Moulin Rouge. Bientôt, il se garait en double file devant la boîte de nuit.

— Ça fait quatre-vingt-douze francs, indiqua le chauffeur, blasé.

Tam lui tendit un billet brun à l'effigie de Delacroix et fit un petit geste de la main qui indiquait « *gardez la monnaie* ». Dehors, une file d'hommes et de femmes attendaient de s'attirer les bonnes grâces des videurs pour pouvoir pénétrer dans la boîte. Rapidement, l'un des vigiles avisa les deux femmes. S'avançant vers elles, il écarta la foule et les escorta, sans un mot, vers l'entrée. Elles passèrent sans s'arrêter devant le guichet où les visiteurs payaient leur forfait. Le videur leur ouvrit le rideau et s'effaça devant elles.

Immédiatement, la musique enveloppa les deux jeunes femmes. Le rythme de la basse leur martela les tempes et fit vibrer leur cage thoracique, pénétrant directement jusqu'au cœur comme autant de fléchettes d'adrénaline.

— Je veux fumer, annonça Émilie, entraînant son amie à travers la salle embrumée, vers les toilettes.

Elle roula leur joint, plaçant les petites feuilles avec une habileté qui traduisait l'habitude. Cela ne lui prit pas plus d'une minute. Elle l'alluma, le tendit à Tam qui le porta à ses lèvres et tira une longue bouffée avec un plaisir non feint.

Émilie reprit le joint et fuma à son tour. Puis elle entraîna son amie hors des toilettes. Les deux jeunes femmes descendirent à l'étage inférieur où ABBA célébrait la *Dancing Queen*. Les deux amies s'élancèrent sur la piste où la foule des danseurs les enveloppa comme un cocon vaporeux et mouvant.

« *See that girl / Watch that scene / Digging the dancing queen* »

Leur joint consumé, elles se dirigèrent vers le bar. Le serveur les reconnut et leur servit un gin tonic, sans qu'elles n'aient eu à demander quoi que ce fut. Puis il libéra un espace sur le zinc. Elles lui sourirent, récupérant leurs consommations. Elles trinquèrent vivement, au risque de fendre les verres, et burent une grande lampée d'alcool. Émilie, la première, grimpa sur le bar, bientôt suivie par Tam. Seules au monde, elles ondulaient, se trémoussaient, maîtrisant parfaitement leurs pas sur le zinc étroit. Les voix d'Abba s'égosillaient à l'unisson.

« *Gimme, gimme, gimme a man after midnight !* »

Tam attrapa Émilie par la taille, l'enlaça. Ainsi collées, les deux amies se mouvaient à l'unisson, seules au monde, surplombant cette foule de danseurs. Leurs gestes se faisaient langoureux, provoquants, tendres et énergiques à la fois. Sur la piste de danse, les hommes les dévoraient du regard, laissant voguer leurs fantasmes sur les corps harmonieux des jeunes mannequins. Les femmes, les yeux tout aussi scotchés sur elles, les admiraient ou les haïssaient, souvent un peu des deux.

Laissant leurs corps onduler au rythme de la musique, les deux femmes perdirent la notion du temps, dans une volupté rythmée par les accords des guitares et les voix chaudes. Depuis longtemps, les blazers avaient rejoint l'arrière du bar. Les chemises, manches retroussées, entrouvertes, laissaient apercevoir la dentelle des soutiens-gorge. Sur les visages aux yeux mi-clos et aux lèvres entrouvertes sur un sourire, des gouttes de sueur perlaient, attisant l'excitation des hommes comme des femmes, qui ne perdaient pas une miette du spectacle.

Combien de temps dansèrent-elles ainsi ? Transportées d'émotions, elles ne sauraient le dire. Quand, bien plus tard, essoufflées et assoiffées, elles se laissèrent glisser au bas du bar, un groupe d'hommes les abordèrent sans détour.

— On peut vous offrir un verre ?

Elles hochèrent la tête en guise d'assentiment, souriant à leur empressement et firent un signe au serveur. Immédiatement, deux gin tonic apparurent sur le zinc. Les bulles claires scintillaient dans les verres. Les jeunes femmes burent une grande lampée.

Émilie posa son regard sur Tam. Déjà, un grand blond lui susurrait des mots doux à l'oreille. D'apparence docile, elle lui souriait, emmêlant ses doigts à ceux de l'homme qui n'en croyait pas sa chance. Elle le voulait, Tam, son homme d'après minuit. Un beau brun au regard de glace s'approcha d'Émilie, enserra sa taille fine de son bras. Elle sentit la chaleur de sa main contre sa hanche. Songeant « *pourquoi pas ?* », elle laissa sa tempe se poser contre l'épaule du prétendant. Bientôt, elle se retrouva à danser tout contre lui, épousant les reliefs musculeux de ce corps qui, déjà, lui faisait envie.

Les verres se succédèrent, les danses aussi. Les mains se firent plus audacieuses, repoussant les limites. Bientôt, les langues se mêlèrent. Au cœur de l'obscurité, les deux jeunes femmes entraînèrent les deux hommes dans un taxi qui s'évanouit dans la nuit vers le boulevard Saint Germain.

Dans l'appartement, Émilie se laissa tomber sur son lit défait. Le beau brun ferma la porte de la chambre d'un coup de pied, laissant Tam et l'homme blond prendre leurs aises sur le vaste canapé. Audacieux, l'homme embrassa Émilie, la dévora de baisers, la couvrit de son corps. Sûr de son pouvoir envoutant, il lui fit sentir son désir pulsant, faisant écho à celui de la jeune femme. Dans un élan de conscience, elle attrapa un préservatif dans la table de nuit, alors que ses vêtements tombaient un à un sur le sol.

L'église Saint Germain des Prés sonna les quatre coups de l'heure, puis quatre coups de carillon retentirent. Sur l'épaule d'Émilie, la tête de l'homme se faisait lourde alors qu'il sombrait peu à peu dans le sommeil. L'étreinte avait été puissante, la jouissance rapide, presque décevante. La sueur qui séchait peu à peu sur les épaules et le dos donnait à la peau un toucher froid et poisseux. La jeune femme repoussa le poids inerte, d'abord doucement, puis avec plus de force. Il grogna. Elle le secoua.

— Hey ho, tu t'en vas maintenant.

— Hein… ? lui répondit une voix ensommeillée et rauque.

— Tu te casses. On a fini, nous deux.

Surpris, l'homme ouvrit les yeux et dévisagea la jeune femme, doutant d'avoir bien entendu.

— C'est une plaisanterie ? demanda-t-il, avant de chercher à enlacer la jeune mannequin et d'ajouter, viens là, ta peau est douce.

Émilie repoussa la main baladeuse.

— Allez, debout. Tu dégages.

— Mais enfin, quelle heure il est ? C'est le milieu de la nuit.

— Oui. Et c'est l'heure où tu t'en vas.

— Mais t'es pas bien ? Viens. Je partirai tout à l'heure, avec le premier métro.

Il tenta encore une fois de toucher la jeune femme, qui le repoussa violemment, cette fois.

— Tes fringues et tu te casses ! rugit-elle.

— Mais t'es folle ?

Abasourdi, il récupéra son caleçon, son jean, obtempéra. Il ne saisissait pas comment ces yeux qui, quelques minutes auparavant, brillaient de plaisir dans ses bras, pouvaient désormais lancer de tels éclairs de haine.

Émilie ouvrit la porte donnant sur le salon. Tam en était au même point, lançant à l'homme près d'elle sa chemise froissée.

— Mais comment je vais rentrer ? Le premier métro n'est pas avant cinq heures...

— On s'en cogne. À pied, en taxi, tu te démerdes.

— Vous êtes deux salopes ! Osa le blond.

— Casse-toi, rugit Émilie, poussant l'homme contre le chambranle de la porte d'entrée de l'appartement.

L'homme eut à peine le réflexe d'ouvrir le battant pour ne pas se manger le bois massif en plein visage. Les deux hommes, braillant des insultes, disparurent dans l'escalier, ne prenant même pas le temps d'appeler l'ascenseur. Dans la rue, ils proféraient encore des injures, chacun d'eux trouvant une légitimité dans les paroles outrées de l'autre. Bientôt, la rue redevint silencieuse.

Émilie s'approcha de Tam qui s'était recroquevillée sur le canapé, frissonnante. Elle enveloppa son amie de ses bras. Tam chercha sous les coussins de quoi rouler un joint. Bientôt, la pièce ne fut plus éclairée que par l'extrémité incandescente du pétard.

— Viens, on va dormir un peu, chuchota Émilie, entrainant son amie dans la chambre.

Serrées l'une contre l'autre, les deux jeunes femmes ne tardèrent pas à sombrer dans le sommeil.

Bleue comme toi

III

"'Cause when your heart is weak / I'm gonna pick the lock on it / My fingertips won't fail me / No matter what you do"
Car dès que ton cœur est faible / Je viens y accrocher un cadenas / Rien ne retiendra mes doigts / Qu'importe ce que tu feras

Cock Robin – *When your heart is weak* (Singles – 1985)

*****

Janvier 1992. Autres planches, autres latitudes, tenues revisitées, maquillage lourd et opaque sur des visages d'anges. Émilie, le pas énergique et chaloupé, terminait son dernier passage sur les planches milanaises dans un bruissement de soie et de taffetas. Bientôt, les deux jeunes femmes se changèrent et sautèrent rapidement dans le taxi qui devait les ramener à l'aéroport de Milan-Malpensa. Le chauffeur tenta d'entamer la conversation avec ces deux magnifiques plantes mais trois mots d'Émilie l'en dissuadèrent. Alors, il monta le volume de l'autoradio. La voix chaude de Cock Robin emplit l'habitacle de ses accents rythmés.

« *'Cause when your heart is weak / I'm gonna pick the lock on it / My fingertips won't fail me / No matter what you do* »

Émilie emmêla ses doigts à ceux de Tam, laissant la musique envahir son corps et son esprit dans un doux lâcher-prise. Elle repensait à une rencontre faite plus tôt dans l'après-midi. Au cours du défilé, le photographe attitré d'un créateur italien en vogue, Oliviero Volcani, avait repéré la jeune femme et son visage qui, une fois maquillé, était semblable à celui d'une poupée de cire. Il en avait aimé le tracé. Il lui avait avoué qu'elle trouverait sûrement sa place dans sa prochaine campagne « *United Colors* » et l'avait conviée à un casting la semaine suivante. Émilie se réjouissait. Elle aimait l'Italie et y revenir bientôt l'enchantait, d'autant plus que le jeune photographe lui paraissait vraiment sympathique.

Sécurité, passeports, décollage. Tam lovée contre son épaule, Émilie contemplait la chaîne des Alpes et ses sommets enneigés à travers le hublot. Elle aimait ces moments où la vie semblait s'interrompre pour la laisser reprendre son souffle et où Tam s'abandonnait contre elle.

Dans la vraie vie, Tam s'abandonnait rarement. Elle était en permanence sur la défensive, prête à mordre quiconque tenterait de l'approcher de trop près. Bien sûr, des hommes l'enlaçaient parfois. Si elle en avait envie, elle se laissait toucher, embrasser, enlacer. Mais posséder, jamais. Pour Émilie comme pour Tam, les hommes n'étaient souvent que de passage, pour des plaisirs ponctuels, comme on peut avoir une envie de macaron à la pistache ou de chocolat aux amandes caramélisées. Ils pouvaient palper leur corps, ils ne touchaient pas leur cœur. Celui de Tam était verrouillé. Seule Émilie en avait la clé.

Tam serra les doigts de son amie, caressa méthodiquement sa paume du bout de son pouce à l'ongle vernis de rouge vif. C'était le seul moyen pour elle de calmer cette angoisse lancinante qui l'envahissait à chaque voyage en avion. Elle avait beau savoir que c'était le moyen de transport le plus sûr, le fait de ne plus toucher terre et de parfois sentir des secousses et turbulences lui glaçait le sang. Aujourd'hui, heureusement, le temps était clément et seul un petit vent léger caressait la carlingue. Émilie porta la main de son amie à ses lèvres, embrassa la peau douce. Le soleil se couchait, colorant le ciel d'un orange vif en cette froide journée d'hiver. La pollution rendait le paysage flou. L'appareil entama sa descente sur Paris. Bientôt, une secousse indiqua qu'il touchait le tarmac. La bulle de bien-être s'évapora.

Autre taxi anonyme au milieu de la circulation parisienne, les deux jeunes femmes posèrent leurs valises dans l'appartement d'Émilie. Le temps de se changer et elles s'engouffraient dans le métro jusqu'à la station Pont-Marie. Là, elles entrèrent dans l'une des boîtes de nuit les plus en vogue de la capitale, les fameux *Bains Douche*. Les videurs les escortèrent jusqu'à l'intérieur, faisant râler la file des visiteurs lambda qui, eux, devaient attendre le bon vouloir d'une sélection basée sur des critères éminemment subjectifs, pour pouvoir pénétrer dans le saint graal des clubs.

Le barman les accueillit avec un sourire ravi. Il avait l'habitude de ces deux jeunes mannequins qui venaient au moins une fois par semaine en représentation. Contre un cachet payé par la boîte, elles dansaient outrancièrement pour faire chauffer l'ambiance sur la piste de danse.

Émilie avala d'une traite le gin tonic offert par le barman. Assise sur le zinc, elle contempla les longues jambes de Tam qui ondulaient au rythme de la musique. Les longs cheveux blonds de la jeune femme se balançaient dans un mouvement langoureux, caressant ses épaules dénudées, dévoilées par le fin caraco de soie beige. Tam était sublime. Émilie le savait, bien avant que les regards de tous les hommes présents ce soir-là ne la dévorent avec voracité.

Depeche Mode affirmait à qui voulait l'entendre que les mots étaient inutiles, que seule l'étreinte comptait.

"All I ever wanted / All I ever needed is here / In my arms / Words are very unnecessary / They can only do harm."

Debout sur le bar, Émilie enlaça Tam et entama avec elle, au rythme des notes du synthétiseur, une danse provocante. Tous les regards étaient braqués sur les deux jeunes femmes. Les yeux des mateurs brillaient, consumés de désir devant l'érotisme de leurs mouvements synchronisés. Un homme tenta de toucher la cuisse de la jolie blonde. Cette dernière asséna une claque sur les doigts baladeurs.

Une bonne heure plus tard, déshydratées et le visage luisant de tant de danse, les jeunes femmes se laissèrent couler au bas du zinc. Émilie attrapa deux verres d'eau et en tendit un à son amie. Deux hommes s'approchèrent et, au même moment, deux gin tonics apparurent, comme par magie. Tam dévisagea les hommes, hocha la tête, fit une moue désenchantée.

— Je ne suis pas sûre, là, opina-t-elle.

— Laissez nous vous offrir un verre, insista l'un des hommes, les yeux brillants de convoitise.

Émilie attrapa la boisson, la porta à ses lèvres. Tam se laissa convaincre. Aussitôt, l'homme s'approcha d'elle et passa un bras autour de sa taille. Tam se raidit. Émilie s'intercala.

— Elle t'a dit qu'elle n'était pas sûre, tu as pigé ?

— Mais elle a accepté le verre, argumenta le dragueur de base.

— Elle a accepté le verre, pas ta main, tu vois ?

— Mais…

Le serveur s'interposa, glissa quelques mots à l'oreille du malotru qui s'éloigna en ronchonnant. Les deux jeunes mannequins sirotèrent le liquide clair et amer, fortement alcoolisé. Émilie roula un joint, l'alluma, le tendit à son amie qui tira dessus avec volupté. Les deux femmes fumèrent en silence, alors que le va et vient des danseurs entre le bar et la piste de danse ne tarissait pas. Soudain, un homme sourit à Émilie. Très bien vêtu, le genre jean APC, blaser Agnès b., chemise blanche, barbe de trois jours sans accroc ni faux pli, il eut ce regard pénétrant qui la transperça jusqu'au creux de son intimité.

La jeune femme agita son verre vide, faisant tinter les glaçons d'un air suggestif. L'homme comprit aussitôt le message, commanda un refill pour chacune, l'offrit avec des airs de gentleman, dévoilant un sourire *Email Diamant*. Tam posa à peine ses lèvres sur le verre, le laissa sur le comptoir, retourna danser.

L'homme s'approcha d'Émilie, entama une conversation d'ascenseur, une suite de sujets sans surprise, sans profondeur, comme il en est dans un environnement où, quoiqu'on hurle, on ne s'entend pas. Seules comptaient les lèvres qui bougeaient, la rumeur de la voix, le souffle sur la joue, la promesse de ces mains qui frémissaient de toucher. Émilie but, dansa, s'oublia. L'homme ne la quittait pas, l'effleurant de ses yeux, de son sourire, de ses doigts parfois, osant l'audace. Quand la musique se fit plus lente, il enlaça la jeune femme, l'entraina dans des pas lents, plaquant son corps brûlant au sien. Émilie ne lui opposa aucune résistance, bien au contraire, tant le désir de cet homme faisait écho au sien.

Quand il lui proposa de quitter la boîte, de la raccompagner chez elle en voiture, elle n'eut qu'un seul réflexe : Tam. Tam devait rentrer avec elle. Il était hors de question qu'elle laissât son amie. L'homme approuva. Bientôt, les deux jeunes femmes s'engouffraient dans la berline coupé sport du jeune homme, qui fila au cœur de la nuit parisienne.

— Ouvre la boîte à gants, ordonna l'homme à Émilie qui occupait le siège passager.

Bien que surprise par le ton impérieux, elle s'exécuta.

— Il y a une flasque de whisky. Passe-la moi, intima-t-il.

Mais cela aurait été surestimer la docilité de la jeune femme. Elle se saisit du flacon, l'ouvrit, huma le liquide ambré, but une longue lampée en lançant.

— Toi, tu conduis, pour l'instant.

Et elle passa la bouteille à Tam qui but à son tour.

L'homme, qui ne s'attendait pas à cette rebuffade, se retourna d'un coup.

— Passe le whisky !

— Mais attend, elle boit, rétorqua Émilie.

— Grouille !

A ce moment-là, une voiture arriva de la droite, dans son bon droit. L'homme, tout à sa chasse au bourbon, lui avait refusé la priorité.

— Attention, hurla Tam !

L'homme fit faire un écart à sa berline et évita de peu le véhicule qui klaxonna furieusement.

— Connard ! Lança l'homme, agacé, puis, s'adressant à Tam. Passe la flasque !

Tam lui tendit le récipient, l'homme but goulument. À ce moment-là, un chat déboula d'un immeuble et traversa la rue. L'homme donna un coup de volant réflexe pour l'éviter. La voiture fit une embardée. Le flacon glissa maladroitement de la main du conducteur furieux, le bourbon gicla, éclaboussant copieusement Émilie.

— Putain mes fringues ! s'emporta-t-elle. C'est une grosse blague !

— Pfff c'est rien. Ça sèche. Et de toutes façons, ma jolie, on est arrivés chez toi. Tu vas pouvoir les enlever, tes fringues, annonça-t-il, lubrique, en stoppant le véhicule.

— Dans tes rêves !

Émilie ouvrit la portière, surgit de la voiture, suivie de Tam. Les deux jeunes femmes s'engouffrèrent dans leur immeuble dont l'entrée était protégée par un digicode, refermèrent derrière elles. Le temps pour l'homme de réaliser ce qui se déroulait, elles avaient disparu dans la cage d'escalier. L'homme hurla, frappant du poing sur le battant de verre épais et d'acier. Émilie sourit, se retourna, lui adressa un doigt d'honneur. Elle songea que dans le combat entre la majestueuse porte cochère et la main de l'homme, cette dernière n'avait aucune chance. Bientôt, les deux femmes pénétrèrent dans l'appartement d'Émilie.

Dans la rue, le rugissement furieux d'un klaxon crevait le silence. Sans doute lassé de se causer des hématomes au poing, l'homme était retourné dans son véhicule. Se fichant bien du sommeil des honnêtes gens, il exprimait sa rage dans de longues salves d'avertisseur sonore tout en hurlant des « *Salope !* » et autres synonymes fleuris à travers la vitre ouverte.

Émilie ouvrit la fenêtre qui donnait sur le balcon filant. Elle hurla un « *Connard !* » tonitruant avant de refermer, ce qui eut pour effet de décupler la rage du malheureux éconduit, qui redoubla de hargne dans ses coups d'avertisseur. Mais les deux femmes n'y prêtaient plus attention. Émilie constata les dégâts sur ses vêtements. Son haut Armani était constellé de projections de whisky et une large tâche ambrée recouvrait la cuisse gauche de son jean. Rageuse, elle retira les vêtements, les fourra en boule dans la machine à laver.

Dans son dos, en silence, deux mains fines l'enlacèrent. Aussitôt, la colère d'Émilie s'évapora. Les mains de son amie lui faisaient l'effet d'un voile de douceur auquel elle ne pouvait ni ne voulait résister. Une joue fraîche se posa sur son épaule, des lèvres chaudes embrassèrent son cou, provoquant des frissons le long de son échine. Émilie se retourna, lentement, faisant face à son amie qui, les yeux mi-clos, lui offrit ses lèvres. Alors, toute la tension s'envola. Les hommes, les autres, le monde extérieur en entier cessa d'exister. Il n'y eut plus, à cet instant, qu'elles deux, seules et unies comme les derniers habitants d'un univers qui se serait évanoui.

Bleue comme toi

IV

"All I ever wanted / All I ever needed is here / In my arms / Words are very unnecessary / They can only do harm."
Tout ce que j'ai toujours voulu / Tout ce dont j'ai toujours eu besoin est ici / Dans mes bras / Les mots sont inutiles / Ils ne font que blesser

Depeche Mode – *Enjoy the silence* (Violator – 1990)

*****

Février 1992. Métro, maquillage, casting, tenues colorées et acidulées. Regards en coin des autres modèles, haine inhérente à la concurrence dissimulée sous des faux semblants d'encouragements sirupeux et exagérément enthousiastes.

Un aller-retour sur les planches, un autre, encore un. Essai photo, penchez la tête sur la gauche. Plus bas, les épaules, relevez le menton, plus haut, voilà, comme ça. Non, pas de sourire, surtout jamais de sourire pour cette campagne. Refaites un passage. Plus rapide. Plus souple, le pas. Oui, c'est ça. Non, moins vite. Voilà. On refait. Essai caméra. Encore une fois.

Bon, ça ira comme ça, c'est dans la boite. On va visionner tout ça avec *Olli* et on vous appellera.

Émilie sortit exténuée de son casting pour la célèbre marque de vêtements italiens. Épuisée mais pleine d'espoir. Comme tout le monde, elle les avait vues, dans les journaux, sur les murs du métro et les vitres des abribus, ces campagnes qui faisaient déferler la chronique, ces enfants de toutes les origines unis dans un message d'égalité, de joie et de couleur. Elle se disait que oui, cela lui plairait bien, d'en faire partie, de laisser la trace de son visage si modelable et transformable dans cette initiative débordante d'une tolérance qu'elle approuvait de tout son être. Voire, pourquoi pas, de devenir une nouvelle égérie de la marque.

Cette soif d'humanité, Émilie la cachait sous un masque de porcelaine. Dans ce métier, il fallait être un roc, blindée comme un char de combat. Les trois I. Insaisissable, Inabordable, Inébranlable. Le dernier, surtout. Émilie se donnait, se reprenait, offrait son corps et son visage pour quelques photos, pour un défilé, pour une journée, une nuit, une semaine. Mais jamais elle ne laissait les autres pénétrer son moi profond. Plus jamais. Enfin… sauf avec Tam.

Tam était différente. Cela faisait plusieurs mois que les deux jeunes femmes se connaissaient. Déjà, l'alchimie entre elles était réelle. Et il ne s'agissait pas seulement d'une amitié, ni même d'une simple romance entre elles deux. Tam était comme le reflet d'Émilie, une sorte de miroir sans tain, au travers duquel elle aurait vu son âme, laissé filtrer toute sa sensibilité, toutes ces émotions qu'elle enfermait sous clé, au secret, le reste du temps.

Émilie songeait à cela alors que le métro entrait dans la station Saint-Germain-des-Prés. Elle positionna sur son épaule le sac de sport qui contenait ses escarpins, son book et quelques effets personnels indispensables à tout casting et sortit de la rame. Dehors, une bruine glacée lui rinça le visage. Elle se pressa vers son immeuble, à quelques dizaines de mètres de là.

Une fois dans l'appartement, elle envoya valser ses baskets, se fit couler un café et se laissa tomber sur le canapé. Qu'avait dit Tam, déjà, au sujet du soir ? Elle avait parlé d'un resto, quelque chose comme ça. La jeune femme parcourut la pièce des yeux, à la recherche d'une note, d'un petit mot de son amie qui lui rafraichirait la mémoire. Quelque chose scintillait sur le sol, sous la table basse et accrocha son regard. Elle se pencha. Un morceau de papier aluminium roulé en boule. Elle se leva pour aller le jeter à la poubelle. A ce moment-là, elle trouva ce qu'elle cherchait sur le plan de travail : une demi-feuille de cahier sur laquelle Tam avait écrit, de sa jolie écriture penchée.

« La Coupole 20h. Il y aura ma mère »

Tam parlait peu de ses parents. Émilie non plus, d'ailleurs. Et elle les côtoyait encore moins. Ceux d'Émilie croyaient encore que la jeune femme étudiait les lettres modernes à la Sorbonne et ignoraient tout de ses voyages, de ses photos, de ses défilés. Pour eux, point de salut hors de brillantes études suivies d'un mariage avec un *beau parti* sélectionné avec précautions. Le tout permettrait à leur fille aînée d'asseoir le rang social de la bourgeoisie provinciale dont elle était issue. Ceux de Tam étaient bien trop occupés à gérer leurs affaires florissantes à l'international et à rencontrer des illustres clients pour se préoccuper de l'emploi du temps de leur fille unique. Bref, d'un côté comme de l'autre, les apparences et le vernis social primaient largement sur les sentiments, tant et si bien que les deux jeunes femmes n'en faisaient pas un sujet de conversation entre elles.

Tam, comme Émilie, avait pris un appartement dans le quartier Saint-Germain dont les ruelles aux immeubles biscornus attiraient depuis toujours les artistes, les poètes et les marginaux. Elles s'y sentaient comme poissons dans l'eau, profitant de l'agitation du quartier, de l'anonymat qui les protégeait comme un cocon, loin du qu'en dira-t-on des quartiers plus huppés.

L'idée de rencontrer la mère de Tam interpelait quelque peu Émilie. Elle aurait voulu un petit dîner à deux, ou même simplement boire quelques verres avec son amie avant d'aller s'étourdir de décibels sur une piste de danse. Dans tous les cas, elle aurait volontiers fait l'impasse sur quelques heures de ces sourires forcés et autres ronds de jambes qui lui coûtaient tellement. Mais bon, pour faire plaisir à Tam, elle irait.

Debout devant sa penderie, elle hésitait sur sa tenue. Une robe ? Non. Elle en portait suffisamment pour le boulot et quel que soit le rang social de la troisième convive, elle ne nécessitait sûrement pas un tel effort. Après quelques hésitations, la jeune femme se décida pour un jean brut, très près du corps, qui mettait en valeur sa silhouette élancée, une chemise vaporeuse en crêpe bleu marine avec de fins liserés rouges vifs, un blaser *old school* à boutons dorés et une paire de Derby bordeaux. Point trop n'en fallait et ainsi, elle se sentirait pleinement à l'aise. Le temps de transférer le strict minimum dans un petit sac à main assorti aux chaussures, elle était prête. Elle enfila un caban en drap de laine bleu marine, ajusta son foulard et sortit dans la rue animée.

Il était bien trop tôt pour se rendre au restaurant. Émilie déambula jusqu'à la place Saint-Germain-des-Prés et s'assit à la terrasse couverte du Café des *Deux Magots*. Elle aimait l'ambiance feutrée de ce café littéraire, ses garçons de café guindés dans leurs longs tabliers noirs, ses deux statues de bois porteuse d'une histoire, témoins intemporels des amours épistolaires de Jean-Paul Sartre et Simone de Beauvoir et de tant d'autres. Au garçon qui s'enquit de ce qu'elle souhaitait boire, elle commanda un verre de vin blanc. Elle le souhaita de préférence sec, minéral, pas de ces vins blancs sucrés et liquoreux dont la mièvrerie collante l'écœurait. L'homme entre-deux-âges connaissait ses goûts pour l'avoir fréquemment servie. Il hocha la tête et repartit avec la commande pour réapparaître bientôt avec un Chablis, frais mais pas trop, et un petit ramequin d'olives vertes.

Émilie posa ses lèvres sur le bord du verre, apprécia le goût du vin qui réveilla ses papilles. Elle prit une profonde inspiration et se laissa envahir par un sentiment furtif de plénitude. L'air était frais, ce qui n'avait rien de surprenant pour un mois de février, mais le soleil dardait ses derniers rayons blancs de l'après-midi, réchauffant un peu la jeune femme. Émilie alluma une cigarette, prit une profonde bouffée et exhala doucement la fumée. Elle observa les passants. Là, sur le parvis de l'église Saint-Germain-des-Prés, un vieil homme distribuait des miettes de pain à des pigeons surexcités. Un peu plus loin, un couple de touristes asiatiques se prenaient en photo, souriant à l'objectif comme si c'eût été le plus beau jour de leur vie. Elle, le teint pâle et les lèvres très rouges, brandissait le sac contenant ses emplettes dans une boutique de luxe, ravie de ses achats qui, sans aucun doute, lui confèrerait ce charme particulier *à la française*.

Émilie s'en amusait. À maintes reprises, elle avait pu constater que l'attrait suscité par le seul fait de provenir de la ville des lumières n'était pas une légende. A Londres, New York ou Milan, le fait de mentionner qu'elle et Tam étaient françaises leur avait valu des œillades appuyées, des verres proposés et des allusions lourdes de sens. Pour l'heure, Émilie se réjouissait de profiter d'un moment de calme, dans la foule anonyme de Saint Germain des Prés. Elle porta une olive à sa bouche, la dévora puis suçota un instant le noyau. Elle se demandait à quoi ressemblerait la mère de son amie. Aurait-elle ce regard doux, si bleu qu'on voulait s'y perdre, dont Tam l'enveloppait parfois quand elles étaient seules ? Dévorerait-elle sa fille d'une fierté admirative ? Cela aurait été logique, étant donné que Tam enchainait les contrats et était l'une des mannequins les plus demandées des derniers défilés, si l'on excluait une poignée de *top models*.

L'esprit d'Émilie dévia vers sa propre mère et l'entraîna dans un terrain instable, malaisé. Sa mère, cette femme aux mille secrets, qui ne cachait pas sa préférence pour le jeune frère et la jeune sœur de la jeune femme. Les effusions de tendresse étaient pour eux, alors que pour Émilie, il n'y avait que retenue et sourcils froncés. Son père, lui, était différent. Il n'avait jamais manqué d'affection pour la jeune fille, tout en s'indignant de son manque d'intérêt pour les matières scientifiques et de ses fréquentes rébellions.

— Mais que va-t-on faire de toi, grondait-il. Sors un peu la tête de tes bouquins sans intérêt, étudie les mathématiques.

Hélas, pour Émilie, la logique mathématique parlait aussi peu que la plus obscure des langues étrangères. Et encore, eut-elle préféré apprendre le chinois. Tant et si bien que quand elle avait émis le souhait de s'inscrire à la Sorbonne, en lettres modernes, ses parents avaient d'abord renâclé, arguant qu'elle ferait mieux, comme tel fils de leurs amis, de se diriger vers les sciences politiques, afin de seoir à son rang social. Émilie avait argumenté, puis s'était révoltée, avant d'exploser littéralement. Ce fils à papa était non seulement rasoir comme un jour de pluie, mais surtout, embrassait si bien sa future carrière politique qu'il affichait déjà la bedaine rondouillarde du mangeur en excès et le visage terne du menteur désillusionné. Tout ce qu'Émilie exécrait.

— Dommage, arguait sa mère, il aurait fait un bon parti.

— Je ne cherche pas un bon parti, s'était emportée Émilie. Je souhaite vivre ma vie, trouver qui je suis, me sentir vivante dans ce corps trop grand.

— Et bien justement, la politique, c'est bien, avait lancé la mère, à court d'argument solide.

— Bien pour qui ? Pour quoi ?

— Pour que nous soyons fiers de toi quand nos amis nous demandent ce que fait notre fille et qu'ils exhibent la réussite de leur progéniture à la tête des grandes corporations du CAC 40, rétorqua le père.

— Vous planez complètement, avait rétorqué Émilie avant de filer s'enfermer dans sa chambre.

C'était la dernière conversation quelque peu profonde qu'elle avait eue avec ses parents. Le surlendemain, après deux jours d'un mutisme total, Émilie avait téléphoné à sa grand-mère et lui avait raconté son combat, l'incompréhension de ses parents pour qui seul le paraître comptait. Elle avait partagé ses rêves de bientôt bachelière. A six mois de la fin du lycée, la jeune fille entendait suivre sa voie et se sentait prisonnière d'un filet invisible.

— Ils sont tellement bornés, Maminou. Je n'en peux plus. Je peux venir chez toi ?

La grand-mère avait hésité, mais pas bien longtemps. Elle avait marmonné un vague « *il ne faut pas en vouloir à ta mère, ça a été dur pour elle* », qu'Émilie n'avait pas compris. Elle avait toujours vu sa mère épanouie dans ses rôles mondains, son existence aisée, les vacances dans les villas luxueuses, les croisières et les galas de charité. Elle ne percevait pas du tout ce qui aurait pu être plus difficile ou douloureux pour cette femme que de se casser un ongle en public. Maminou avait accepté d'héberger Émilie pour les derniers mois du lycée. La jeune fille avait plié bagages, effectuant plusieurs allers-retours sur son vélo pour rapporter ses livres et ses vêtements préférés. A l'abri dans la chambre bleue de la vieille maison de sa grand-mère, elle avait potassé l'histoire, la géographie et la philosophie. Maminou l'avait aidée à remplir son dossier d'inscription à la Sorbonne. Sans doute, dans l'ombre, gérait-elle la frustration des parents d'Émilie. Pour l'heure, cette dernière ne s'encombrait plus de telles contraintes.

Alors que l'obscurité envahissait le boulevard Saint-Germain et que les réverbères, un à un, s'illuminaient sur les trottoirs, Émilie achevait son verre de vin. L'humidité du soir la fit frissonner. Elle resserra autour d'elle les pans de son manteau, fit signe au garçon et paya sa consommation. Il était encore suffisamment tôt pour qu'elle se rendît à pied jusqu'à la Coupole et elle avait envie de marcher. D'un pas rapide, elle remonta la rue de Rennes en direction de Montparnasse.

Elle arriva devant la célèbre brasserie juste avant l'heure convenue. Elle trouva Tam qui patientait devant l'entrée, tirant nerveusement sur une cigarette. Elle s'approcha d'elle, l'enlaça, fit semblant de lui piquer sa cigarette, pour rire. L'expression du visage que lui retourna Tam la glaça immédiatement. Son regard paraissait perdu dans la contemplation de quelque chose d'invisible et d'effrayant, au-delà de l'enveloppe corporelle d'Émilie, dans le noir de la nuit. Des lignes rouges striaient le blanc de ses yeux et ses pupilles brillantes semblaient dilatées.

— Tam… Ça va ma chérie ? osa la jeune femme.

— Tu es là, enfin !

— Bien sûr que je suis là. C'est ce qui était prévu, non ?

— Je le sens pas.

— De quoi ? Qu'est-ce que tu ne sens pas ?

— Ce soir, le dîner. Il ne faut pas y aller, lâcha-t-elle en allumant une autre cigarette.

— Mais, enfin, ce n'est qu'une soirée au restaurant. On a fait bien pire, toi et moi. C'est ta mère le problème ?

— Je le sens pas.

— Tu… tu veux qu'on parte ? hasarda Émilie.

Tam n'eut pas le temps de répondre. Une femme d'une cinquantaine d'année s'avança vers elles d'un pas décidé et enveloppa la jeune femme d'une accolade exagérée.

— Tamara, ma chérie, quelle joie de te voir, lança-t-elle d'une voix forte, comme si la moitié de la rue devait assister au spectacle. Présente-moi à ton amie.

Tam se figea un instant, indécise. Émilie prit les devants, se présenta, tendit une poignée de main et serra fermement celle de la femme en face d'elle.

— Entrons, ne restons pas là, dans ce froid de gueux, déclara la femme en passant le seuil de la brasserie.

Le portier s'effaça pour la laisser passer. Les deux jeunes femmes pénétrèrent dans la salle à sa suite. Rapidement, on leur indiqua leur table. La femme marqua une hésitation à laisser son manteau de vison sur le dossier de sa chaise. Elle réclama un fauteuil supplémentaire pour poser le précieux vêtement. Tam lança à son amie un regard désespéré. Cette dernière haussa les épaules et sourit, se voulant réconfortante.

— Buvons du champagne ! décida la femme d'une voix qui grimpait dans les aigus. Ma chérie, ça me fait tellement plaisir de te voir, poursuivit-elle en détachant méticuleusement chaque syllabe, comme si elle eût déclamé une tirade sur les planches d'un théâtre.

Une bouteille et trois coupes apparurent comme par magie. Le bouchon sauta, les bulles remplirent les verres. Tam avala le sien d'un trait, les yeux brillants.

La femme monologuait sur ses dernières activités mondaines et les succès professionnels du père. Parfois, elle interrogeait Émilie, avec une curiosité non feinte, sur les origines de sa famille, la professions de ses parents, soucieuse de juger du pédigrée de l'amie de sa fille. Émilie se plia au jeu des questions-réponses, sans plaisir mais avec le sentiment chevaleresque de servir les intérêts de sa compagne. En son for intérieur, elle sentait la détresse de celle-ci et, bien qu'elle ne puisse s'en expliquer les raisons, elle souhaitait tout mettre en œuvre pour la soulager.

Bientôt, leurs plats arrivèrent. Tam jouait avec les lamelles de carotte dans son assiette, portant un bout de viande à sa bouche pour le mâcher longuement. Par intermittence, elle jetait des coups d'œil impatients vers l'entrée du restaurant, comme si elle eût souhaité s'échapper. Les assiettes repartirent, Tam avait à peine touché à la nourriture. Sa mère avait commandé une bouteille de Pouilly Fuissé et appelait le serveur pour qu'il remplisse son verre. Bientôt, les cafés furent servis. La mère avala le sien d'un trait avant de se lever et d'enfiler le lourd vêtement de peau, sans autre forme de cérémonie.

— Tam, ma chérie, je te laisse payer. Avec tout ce que j'ai fait pour toi dans ta vie, tu peux bien me payer ce restaurant.

Sans laisser aux deux jeunes femmes le temps de réagir, elle se fraya un passage entre les tables dans un frou-frou de poils de vison et disparut dans la nuit parisienne. Tam s'effondra, pâle comme un linge. Des larmes silencieuses dévalèrent la pente lisse de ses joues, faisant couler le mascara et traçant des ailes sombres de papillon sur sa peau livide.

Le trajet de retour en métro parut interminable à Émilie. Soutenant son amie qui, dans une semi-inconscience, semblait flotter tel un spectre, elle bouillait d'une rage folle d'être restée impuissante devant l'affront subi. Mais qu'aurait-elle pu interposer ? C'était la première fois qu'elle rencontrait la mère de Tam et elle était loin d'imaginer qu'il s'agissait d'un tel dragon maléfique. Tam était si douce, si pleine d'empathie. Comment anticiper une seconde qu'elle avait pour génitrice un monstre d'égoïsme se repaissant de la douleur psychologique qu'elle était capable d'infliger.

Retenant son amie qui manqua de glisser de son strapontin et de s'étaler sur le sol crasseux du métro, Émilie embrassa les joues couvertes de larmes et de poussière. Inerte, comme si la vie eut déserté son enveloppe charnelle, les yeux cernés de bleu sombre, la jeune femme laissait des flots de désespoir couler silencieusement de ses paupières mi-closes. Aucun son ne filtrait de ses lèvres entrouvertes. Émilie la serrait fort contre elle, comme si sa vie en dépendait. Les autres usagers du métro les dévisageaient, commentaient en chuchotant ces deux femmes enlacées dans une tendresse désespérée et impudique. Un jeune homme sifflotait même, avec une infinie grossièreté, l'air de la chanson *Une femme avec une femme* de la chanteuse espagnole Mecano. Ceux qui l'accompagnaient souriaient, gloussaient. Émilie ne les entendait ni ne les voyait. Seules dans leur bulle, les deux jeunes femmes se retrouvaient isolées du monde.

Une fois à l'appartement, Émilie soutint son amie jusqu'à la chambre. Elle l'allongea, sur le lit, la dévêtit, l'enveloppa dans les couvertures. La jeune femme, inerte, grelottait. Émilie roula un joint pour elles deux, tassant fébrilement les feuilles dans le papier fin, l'alluma, prit une première et longue bouffée avant de glisser le mégot entre les lèvres de son amie. Le souffle court, celle-ci inspira les fumées de ces herbes supposées la détendre. La jeune femme tremblait toujours, émettant par moments de faibles gémissements d'animal blessé. Assise dans le lit, Émilie avait posé la tête de son amie sur ses cuisses. Pendant qu'elles fumaient, elle lui caressait doucement le front, les tempes.

Quelques minutes plus tard, Émilie se coucha près de Tam. Glissant dans le lit, elle enveloppa sa frêle compagne de ses bras, embrassa ses joues trempées de larmes, son front, ses paupières, son cou. Elle lui chuchotait des mots d'apaisement, certains dénués de sens ou de contexte, n'ayant pour seul objectif que de produire une mélodie de paroles qui berçait la jeune femme. Combien de minutes, d'heures s'écoulèrent ainsi ? Finalement, les tremblements se calmèrent, la respiration de la jeune femme ralentit et elle finit par sombrer dans un sommeil lourd et sans rêve, bientôt rejointe par une Émilie exténuée.

Bleue comme toi

V

"There walks a lady we all know / Who shines white light and wants to show / How everything still turns to gold"
Voici que marche cette femme que nous connaissons tous / Qui scintille sous la lumière blanche et vient montrer / Comment tout se transforme toujours en or

Led Zeppelin– *Stairway to heaven* (Led Zeppelin IV – 1971)

*****

Avril 1992. Six mille pieds au-dessus de l'Atlantique, filant à huit cent soixante-dix kilomètres/heure, Émilie soupira d'aise. Étirant ses longues jambes fines, elle effectua quelques mouvements de rotation de ses chevilles pour stimuler la circulation du sang jusqu'aux extrémités de ses membres.

— Ce bol d'avoir bénéficié d'un upgrade, tout de même ! Pour une fois, on ne voyage pas les genoux dans le menton, se félicita Émilie.

— Hmmmm mmm, concéda Tam, plongée dans la lecture d'un roman.

Sans quitter des yeux les pages de son livre, la jeune femme posa sa tête aux boucles blondes décoiffées sur l'épaule de son amie. Une douce torpeur commençait à la gagner, malgré sa lecture qui la captivait. Dans cinq heures, elles seraient à New York où les attendait un programme chargé de défilés, de shooting photos et de représentations en tous genre. Pour l'heure, elles pouvaient profiter de la parenthèse offerte par ce voyage, heureuses que le faible remplissage de l'avion les ait exceptionnellement conduites à être placées en *business class* plutôt qu'en *economy*. Parfois, de telles aubaines arrivaient, et les deux mannequins les appréciaient particulièrement, y trouvant un peu de confort pour allonger leurs jambes interminables.

Comme à chaque fois qu'elle se rendait dans la *ville qui ne dort jamais*, Émilie ressentait une certaine excitation qu'elle n'aurait su expliquer. Était-ce l'effervescence de la *City* ? Était-ce cette ambiance spéciale ? Ou encore, cet état d'esprit un peu particulier qui régnait à New York, capitale de la diversité où la différence, contrairement à ce qu'elles subissaient à Paris, n'attirait aucun regard curieux. Dans les rues de la *Grosse Pomme*, personne ne dévisageait ceux qu'il croisait, personne n'y prêtait même attention. La pauvreté autant que l'exubérante richesse se côtoyaient à chaque coin de rue, s'ignorant largement. Cette atmosphère plaisait à Émilie, passablement lassée des regards appuyés, des commentaires critiques et des allusions salaces que les deux jeunes femmes, dont la beauté attirait de nombreuses convoitises, essuyaient quotidiennement. Et si seulement cela n'avait été que de la lubricité. Il y avait aussi le fait qu'elles aient choisi d'assumer pleinement leur tendre amitié et que ceci n'allait pas sans susciter des remarques déplacées empruntes d'intolérance.

Émilie ajusta les écouteurs sur ses oreilles, chercha une musique qui lui plaisait parmi celles enregistrées et proposées dans l'avion. Tam s'était assoupie. Se sentant soudain très lasse, elle décida qu'un petit roupillon ne lui ferait pas de mal avant d'atterrir dans la folle tourmente new yorkaise. Elle retira ses *Converse*, ramena ses genoux près de son visage, posa ses talons sur le fauteuil, tout contre ses fesses. Ainsi recroquevillée sur le siège, elle ferma les yeux et se détendit, se laissant glisser lentement vers l'inconscience.

*****

Cinquième avenue et quatre-vingt-neuvième rue, à deux pas de Central Park, c'était dans le hall du prestigieux Guggenheim Museum, privatisé pour l'occasion, que se déroulait le défilé. Vêtue d'une robe fourreau dans les tons pourpre, chaussée de vertigineux talons, Émilie parcourait le *floor* de son pas chaloupé. Concentrée, ne laissant aucune émotion filtrer à travers les traits de son visage, elle calculait le nombre de pas avant le demi-tour, estimait le temps dont elle disposerait pour changer de tenue, tout en restant attentive au rythme imposé par la musique assourdissante diffusée par la sono aux quatre coins du célébrissime hall. Sous les plafonds de plusieurs dizaines de mètres de haut ouverts sur une verrière, l'écho des talons martelant le sol faisait vibrer ses tympans déjà mis à mal par les basses du fond sonore. Un mal de crâne lancinant menaçait de s'inviter au défilé. Mentalement, Émilie s'efforçait de l'ignorer, espérant que sa seule volonté ralentirait la progression de la douleur dans ses tempes.

Lui succédant, Tam parcouru bientôt le *floor*, sa silhouette élancée et sa longue crinière blonde mettant parfaitement en valeur ce tailleur soyeux dans des tons vieux rose, dont la veste, très échancrée sur le devant et fermée d'un seul bouton au niveau du nombril, était sertie de perles grises et la jupe, longue, droite, fendue sur le côté jusque mi-cuisse, laissait admirer le galbe de son muscle fin et harmonieux.

Comme ses prédécesseuses, Tam ne souriait pas. Le regard fixe ciblant un point au bout du hall, elle parcourait le floor d'un pas dynamique, le bas de la jupe battant la mesure contre sa cheville délicate.

Les deux jeunes femmes, alternant avec d'autres mannequins, enchaînèrent les passages durant deux bonnes heures, sans qu'aucune pause ne leur soit accordée. Le musée devait rouvrir en nocturne à vingt heures précises pour les inconditionnels de l'art qui viendraient y admirer les collections temporaires dont certaines seraient rendues à leur musée d'origine pas plus tard que la semaine suivante. De fait, aucun retard sur l'horaire octroyé au défilé ne serait toléré.

Émilie sortit enfin du somptueux chef d'œuvre architectural, sans lui accorder le moindre regard. Elle fit quelques pas dans la nuit new yorkaise avant de s'immobiliser.

— *Come on, Ladies, this way*, fit un homme de l'organisation du défilé, pressant les jeunes femmes à rejoindre les limousines affrétées pour elles, garées le long du trottoir, le moteur en marche ronronnant doucement.

Émilie ne se décidait pas à bouger. Elle voulait s'imprégner quelques secondes encore de la moiteur déjà douce de cette nuit d'avril. Sur le trottoir, rendu flou par les vapeurs des aérations d'une bouche de métro, un sans-abri, ignorant l'agitation autour de lui, tassait ses maigres possessions contre le mur d'un *building*. Plus loin, un vendeur de *hot dog* ambulant exhortait les passants à se laisser tenter par « le meilleur *hot dog* de la *City* ». Sur la file du milieu de l'avenue, bondée de véhicules avançant au pas, un *taxi-driver* nerveux imaginait accélérer le trafic par de longs coups d'avertisseur furieux. Faisant ronfler le moteur par des appuis répétés d'accélérations, il finit par déboiter, changer de file pour se retrouver bloqué derrière un imposant véhicule de ramassage des ordures, dix mètres plus loin.

Sur le trottoir d'en face, une jeune mère attendait patiemment la signalisation pour traverser. Elle portait un sac à dos débordant de victuailles, poussait devant elle une poussette où se trouvait une petite fille qui poussait des cris d'agacement et de fatigue. Une autre fillette, âgée de cinq ans tout au plus, s'accrochait au montant de la poussette pour rester près de sa mère lorsque le flot humain entamerait la traversée de l'avenue. La jeune mère au sourire épuisé répondait par monosyllabes aux questions incessantes de son aînée, tout en essayant vainement de calmer les braillements de sa cadette. Vêtue d'une gabardine sombre ouverte sur un tailleur strict, elle occupait sans doute une fonction administrative importante dans une société financière. Ses pieds, chaussés de larges chaussures de sport blanches à la semelle épaisse, contrastaient avec le chic de sa tenue. Émilie songea qu'il n'y avait qu'à New York que les femmes privilégiaient le confort au style lors de leurs déplacements en ville. A Paris, cette même jeune femme aurait serré les dents de douleur et d'inconfort mais n'aurait jamais troqué, même temporairement, ses escarpins chics du boulot pour des *sneakers* douillets.

Laissant son regard se perdre jusqu'au bout de l'avenue, Émilie distinguait des files de phares de voitures qui se perdaient entre les gratte-ciels. Elle laissait l'esprit de la ville pénétrer par les pores de sa peau, à travers les vibrisses de ses narines, par-delà ses pupilles dilatées dans la semi-obscurité. Par endroits, des enseignes lumineuses démesurées recouvraient les façades, affichant aux yeux de tous l'évidence de la puissance financière et marketing de certains géants de la consommation.

— Émy, tu viens ?

Émilie prit conscience de la main qui, avec douceur, tirait son bras pour l'entraîner vers la limousine. Elle croisa le regard souriant de Tam qui l'enveloppa d'une bienveillance moelleuse. Elle cligna plusieurs fois des paupières. Ses yeux lui piquaient, sans doute d'avoir trop longuement fixé la ville. Son regard se posa à nouveau sur le sans-abri. Occupé à piocher les dernières miettes au fond d'un sachet de chips, il ne faisait pas attention à elle. Sans doute ne portait-il plus attention à personne depuis bien trop longtemps, puisque seule comptait la survie dans l'instant présent.

Pour Émilie, ce moment de pause trop bref entre la fin du défilé et la représentation suivante appartenait déjà au passé. Elle suivit son amie et s'engouffra dans le luxueux véhicule. Un majordome distingué referma la portière derrière elles. Bientôt, elles circulaient au pas vers la prochaine destination organisée pour elles. Il leur faudrait patienter encore avant de retirer le masque vitreux de maquillage et le sourire factice qu'elles réservaient aux représentations publiques. Elles étaient là pour briller, au même titre que les enseignes lumineuses disséminées partout sur *Broadway*.

*****

Brouhaha de la foule, conversations décousues, alcools blancs à peine dilués, bulles de champagne où flottait une fraise à l'écarlate artificiel, rires forcés, regards appuyés, mains parfois baladeuses que les audacieux ne cherchaient pas à refreiner. Dans ce bar branché ouvert jusqu'au bout de la nuit, Émilie se laissa offrir un verre de plus. Inattentive aux propos décousus dont l'abreuvait l'homme assis près d'elle, elle contemplait Tam qui se déhanchait doucement au rythme de la musique, entourée de trois hommes au regard lubrique. Costume sombre, cravate desserrée, anneau doré sur le doigt consacré clamant haut et fort leur statut civil, ces célibataires d'un soir laissaient parfois leurs doigts s'égarer le long du dos et jusqu'à la croupe de la jolie blonde. Cette dernière semblait ignorer cette proximité invasive pour se concentrer sur les accords de guitare qui rythmaient les mouvements de son corps.

— *And, how long are you staying?*

Émilie reporta son attention sur l'homme qui déployait des efforts évidents pour trouver des sujets de conversation. Elle s'en doutait bien, peu importait à ce businessman en quête d'un coup d'un soir la durée du séjour de la jeune mannequin. Pour dire vrai, le plus bref serait le mieux. Il ne cherchait rien de plus qu'un moment de plaisir anonyme dans sa garçonnière sur la Cinquième Avenue, avant de retourner au sérieux respectable de sa vie de professionnel charismatique le reste de la semaine, puis de père de famille du week-end dans sa trop vaste demeure du Connecticut ou des Hamptons. Il babillait, certain du charme incontestable que lui proférait la profondeur de son compte bancaire, sûr de son ascendant sur la jeune femme à l'accent français si excitant qui déjà faisait naître en lui des images érotiques. Émilie ne l'écoutait plus depuis un bon moment. Elle sentait la fatigue l'envahir et avait renoncé à lutter contre la migraine. Ainsi, quand l'homme posa sa main râpeuse sur la peau dénudée de son épaule, elle lui sourit avant de libérer son bras et de lancer, dans son anglais de représentation.

— Merci pour le verre et la conversation. Il se fait tard. Je vais devoir vous laisser.

Comme elle s'y attendait, l'homme ne l'entendit pas de cette oreille. Il n'envisageait pas de laisser filer une si belle proie sans avoir obtenu une compensation charnelle pour sa générosité de ce soir. Il se rembrunit, saisit la jeune femme par le poignet. Mais Émilie avait l'habitude de ce genre d'individu lubrique passablement aviné. Quel que soit le lieu, le pays, quel que soit niveau social, ils adoptaient le même comportement invasif qu'elle savait parfaitement bloquer. D'un mouvement souple et rapide, elle lui écrasa les orteils de son talon pointu avant de monter vivement son genou au contact de l'entrejambe de l'homme qui poussa un cri rauque.

— Comme je vous l'ai expliqué, je vais devoir vous laisser, répéta-t-elle. Bonsoir.

Et elle se détourna, plantant là le malheureux qui, faisant fi de sa fierté, se tenait l'entrejambe. Elle se fraya un passage dans la foule jusqu'à Tam, l'entoura de ses bras avant de l'exhorter à la suivre hors du bar enfumé.

*****

Hôtel luxueux, lit immense, draps blancs, effluves de javel et de lessive. Émilie se déshabilla puis, face à la glace de la salle de bains, elle entreprit de démaquiller son visage. Dans le reflet du miroir, le jet de lumière crue éclairait la silhouette de Tam qui retirait un à un ses vêtements en dansant comme un papillon qui prendrait son envol. Vêtue de ses seuls sous-vêtements, la jolie blonde s'approcha d'Émilie et l'entoura de ses bras, posa ses mains sur ses seins, couvrit son dos de baisers. Frottant encore sur sa paupière un maquillage récalcitrant, celle-ci soupira langoureusement. S'écartant de son amie, Tam retira d'un geste souple les derniers brins de dentelle qui la couvraient encore. Tenant le fin tissu entre les doigts, elle se dirigea vers la porte de la chambre, l'ouvrit, passa le bras à l'extérieur, puis referma prestement. Émilie, qui appliquait une crème hydratante sur son visage, s'enquit.

— Qu'est-ce que tu fais ?

— Je mets un truc sur la porte, pour qu'on sache qu'on ne doit pas nous déranger.

— Avec ton string ?

— Bah oui, c'est clair, non ? Un string sur la poignée de porte, ça signifie *'Laissez-nous tranquilles'*. Facile, explicite, efficace.

Émilie sourit, mi-choquée, mi-amusée.

— Mais tu sais qu'il existe dans les chambres un écriteau dédié à cela, où il est marqué *'Do not disturb'*.

— Je ne l'ai pas trouvé. Le string, c'est bien.

Puis, s'approchant de son amie, passant ses bras souples autour d'elle, elle ajouta, d'une voix douce.

— Viens, maintenant.

Et elle l'entraîna vers les draps immaculés.

Les fenêtres à guillotine dont le mécanisme accusait mal le défilé des saisons et des années laissaient filtrer la plainte incessante des sirènes de police dans la *ville qui ne dort jamais.* Les premières lueurs du jour teintaient de rose orangé les sommets des gratte-ciels et se reflétaient sur les vaguelettes de l'Hudson River. Dans sa chambre de l'Upper West Side, Émilie, que le sommeil avait désertée depuis une bonne heure déjà, contemplait les courbes fines d'une Tam endormie à ses côtés. Le soleil naissant colorait sa peau claire de sillons orangés, comme l'eut fait, de son pinceau, quelqu'artiste méconnu et plein de cet espoir fou dans *Greenwich Village*. D'un peu plus loin, de la rue peut-être, lui parvenait la rumeur d'une chanson dont les accords de guitare la bercèrent doucement avant de hurler avec fougue.

> « *And as we wind on down the road*
> *Our shadows taller than our soul*
> *There walks a lady we all know*
> *Who shines white light and wants to show*
> *How everything still turns to gold*
> *And if you listen very hard*
> *The tune will come to you at last*
> *When all are one and one is all*
> *To be a rock and not to roll*
> *And she's buying a stairway to Heaven* »

La jeune femme sentit que les yeux lui piquaient. Elle serra les paupières l'une contre l'autre dans l'aube naissante.

Lentement, elle s'approcha de son amie. Doucement, elle se serra contre elle, l'enveloppa de ses bras, enfouit son visage dans le creux de son cou qui sentait si bon. La jolie blonde émit un soupir d'aise, sans toutefois quitter la douceur ouatinée du sommeil. Les deux jeunes femmes restèrent ainsi, enlacées, engourdies dans une semi-inconscience, savourant un long moment de douceur et de bien-être qui n'appartenait qu'à elles.

Bleue comme toi

VI

"... Remember all those nights we cried /All the dreams were held so close /Seemed to all go up in smoke / Let me whisper in your ear"
Rappelle-toi toutes ces nuits passées à pleurer / Tous ces rêves que nous avons cru tenir entre nos mains / Ont semblé s'évanouir en fumée / Laisse-moi murmurer dans ton oreille

The Rolling Stones– *Angie* (Goats Head Soup – 1973)

*****

Avril 2019. Au milieu du brouhaha de ce bar, je restais suspendue à ses lèvres. S'approchant de la table basse entre nous deux, elle saisit le verre de vin blanc déjà bien entamé, le porta à ses lèvres, ferma les yeux un instant en savourant la saveur minérale du nectar.

— J'aime nos soirées, me confia-t-elle. Je ne les échangerais contre rien au monde.

Je lui souris. Il était vrai que j'appréciais aussi beaucoup ces heures que nous passions toutes les deux à refaire le monde. Nous le parions de mille couleurs, nous retracions les situations burlesques vécues au cours de la semaine écoulée par l'une ou l'autre, nous rhabillions pour l'hiver ceux qui s'étaient distingués par leur manque de finesse selon notre baromètre original. Les fous rires fusaient, les verres parfois se succédaient. D'épisodiques, nos soirées étaient devenues hebdomadaires, un rendez-vous incontournable du vendredi soir auquel ni l'une, ni l'autre, nous n'aurions dérogé.

Émilie aimait le vin blanc, de préférence sec, minéral, avec une préférence pour des cépages comme le Chardonnay. Je penchais plutôt pour les rouges taniques, puissants, gorgés de soleil, oscillant entre le Cabernet, le Merlot ou le Syrah. Nous avions élu domicile pour la soirée dans un petit bar à vins du centre-ville. Le propriétaire, caviste et sommelier, italien d'origine, partageait sa passion du vin autant que son agacement pour les clients prétentieux, en déployant d'une langue acide des opinions acérées. Seuls revenaient dans son bar les adeptes du second degré qui savaient voir, au travers des lames aiguisées de ses mots, l'immense passion que cet épicurien vouait à son métier. Émilie raffolait de cet endroit autant que des joutes verbales qui les entraînaient souvent, le caviste et elle, dans des débats d'experts sur la préparation de plats du terroir et les accords mets-vins. Pendant leurs échanges illuminés, je buvais en général deux ou trois gorgées et je m'appliquais dans la contemplation des clichés en noir et blanc qui ornaient les murs.

— Et ton rencard de mercredi soir, l'interrogeai-je. Raconte.

Elle prit un air dépité avant de lâcher le verdict.

— C'était la dernière fois. Pfffff... Il m'a saoulée.

— Ah bon ? m'étonnai-je. Pourtant, la dernière fois, il te plaisait. Il n'avait pas l'air vilain, il semblait plutôt cultivé, il avait de la conversation...

— Ah oui, ça, toujours. Et c'était même un bon coup, avoua-t-elle avec un sourire en coin qui en disait long.

— Bah alors, c'est quoi le problème ?

— J'ai dormi chez lui.

— *Heu... Ce n'est pas vraiment un problème, ça. Ça arrive. C'est tout de même plus reposant, et aussi moins dangereux, que de reprendre la voiture au milieu de la nuit. Et puis, comme ça vous aviez la possibilité de remettre le couvert...*

— *Oui, on l'a fait. Et c'était bien.*

— *Du coup je ne vois pas le problème.*

— *C'est le matin. Il m'a beurré des tartines. Avec de la confiture.*

— *Et ? Tu n'aimes pas la confiture ? Ce n'était pas bon ?*

— *Non mais franchement ! Il m'a préparé des tartines de confiture !*

— *Bah, fallait juste lui dire, si tu n'aimes pas la confiture.*

— *Mais non c'est pas ça. J'aime bien la confiture. Mais tu te rend compte il m'a tartiné mon pain ! Avec un café !*

— *C'est plutôt gentil...*

— *Mais non, c'est pas possible, ça !*

— *Je t'avoue que je ne vois pas où ça coince...*

— *Mais si c'est évident. C'était clair, pourtant. Je cherche à passer des bons moments, pas à tisser une relation avec quelqu'un. Il semblait d'accord avec l'idée. Et là, crac ! Il me beurre des tartines.*

— *C'est pas si grave. C'est juste une tartine, pas un contrat de mariage.*

— *Non mais pour moi c'est déjà trop ! Je ne veux rien de tout ça. Pas de matin romantique et niaiseux, pas de petit déjeuner dégoulinant de confiture, pas de « je t'aime » « moi non plus », pas d'attache, pas de contrainte. Une bonne soirée, quelques galipettes menées avec talent et c'est tout.*

— Si je résume, tu veux juste un coup d'un soir et rentrer chez toi.

Le caviste monta le son de la sono, baissa l'intensité de l'éclairage dans le bar. Mick Jagger clamait son affection pour Angie dont l'amour semblait s'effilocher.

« Angie, you're beautiful
But ain't it time we say goodbye
Angie, I still love you
Remember all those nights we cried
All the dreams were held so close
Seemed to all go up in smoke
Let me whisper in your ear
Angie, Angie »

Émilie fronça les sourcils, fit osciller le liquide doré dans son verre ballon.

— D'un soir ou bien à refaire si jamais c'était bien. Mais pas laisser s'installer quoi que ce qui ressemble de près ou de loin à une relation.

— Bon, enfin là, c'était juste un café-tartines. Pas un voyage de noces. Il n'y a pas mort d'homme.

— C'est déjà trop intrusif. C'est un pas de trop dans ma bulle.

— Et donc, pour un pain-beurre-confiture, tu ne vas plus le revoir ?

— Non. Je n'ai pas de temps pour cela. J'ai les enfants, j'ai toi, j'ai un ou deux amis à qui j'arrive à peine à consacrer du temps. Alors un mec qui beurre niaisement des tranches de pain de campagne, non merci.

— Tu es dure en affaires, là.

— Ouais, bah tant pis. Il n'avait qu'à pas préparer de p'tit déj'.

Elle finit d'un trait le verre de vin avant de faire signe au caviste de lui apporter le même. Elle m'interrogea du regard. Je refusai d'un signe de la tête. Mon ballon était encore à moitié plein, j'allais le déguster tranquillement. Pensivement aussi. Émilie dépensait une telle énergie à ne laisser aucun homme entrer dans son cœur ou dans sa vie que c'en était parfois extrême. Mais elle était ainsi. Les hommes qui croisaient son chemin n'avaient qu'à comprendre et s'adapter. S'ils essayaient de la changer, ils se heurteraient à un mur de glace. Elle ne transigerait pas.

Au cours des deux dernières décennies quelques hommes avaient su l'apprivoiser, l'amadouer, jusqu'à lui faire ces enfants qu'elle couvait d'un amour inconditionnel. Toutefois, le dernier mâle en date l'avait définitivement guérie des relations homme-femme en la quittant pour une autre alors même qu'elle se remettait à peine d'une lutte de deux ans contre un ennemi intérieur impitoyable qui avait tout fait pour l'achever. Au prix d'un traitement extrêmement lourd et incertain qualifié d'essai clinique, s'accrochant avec courage à la vie pour elle-même mais aussi pour ses enfants et l'homme qui partageait sa vie, elle avait fini par avoir le dessus sur le monstre sournois. C'était à ce moment-là que le gaillard lui avait montré la porte et l'avait invitée à suivre un autre chemin. Étaient-ce ces mois d'incertitude trop pesante, était-ce une autre femme, ou encore un mélange de tout cela qui avait émoussé les sentiments de cet homme ? Toujours était-il qu'il n'y avait pas eu de place pour une discussion.

Outrancièrement aisé, il poussa le côté gentleman jusqu'à lui offrir une petite citadine, dans laquelle elle entassa ses valises et ses enfants avant de prendre le large vers un appartement sous les toits, pas loin de chez moi.

Au cours de son passage éclair par les différentes phases du deuil de cette vie de couple avortée, elle révolutionna son approche vis-à-vis des hommes. Elle fit ressortir la tigresse qu'elle avait sans doute été lorsque, plus jeune, elle foulait les floors des défilés de mode. Cette Émilie-là, elle l'avait anesthésiée le temps de mener une vie « normale ». Dans cette existence conventionnelle, elle avait mis au monde et d'élevé ses filles, Lisa et Anna, et son fils David, tous trois désormais de grands ados. Elle avait aussi cuisiné des petits plats pour un homme, adopté un chien. Jusqu'au jour où, terrassée de déception, elle lui avait fait reprendre du service. Se barricadant derrière une façade cuirassée, elle traitait désormais les hommes comme des produits de consommation courante, utilitaires et interchangeables, bien que devant être pourvus de qualités intrinsèques incontournables à la sélection initiale.

Ainsi, que l'un d'eux poussât l'attention jusqu'à lui offrir un petit déjeuner fait maison pour clore une nuit torride la mettait sans retard dans une rage bouillonnante. Sans autre forme de procès, elle renvoyait l'importun au placard et enchaînait sur un éventuel candidat suivant. Cette valse des prétendants entretenait certes la variété des sujets de discussions de nos soirées. Ce côté « reality show » aurait pu être divertissant s'il s'était agi de quelqu'un d'autre que ma *meilleure amie. Mais il s'agissait d'elle. Je savais, au fond de moi, que cette violence expéditive cachait une grande fragilité et une profonde détresse.*

Je bus une gorgée de vin, plus longue que les précédentes, me laissant envisager sérieusement la perspective d'un nouveau verre. Je contemplai Émilie en silence, consciente de la friabilité du moment. J'aurais voulu lui dire « ce n'est rien, ce n'était qu'une tartine, certes maladroite, mais gentille. Cela partait d'une bonne intention. Tout n'est peut-être pas à jeter, chez cet homme ». Mais je ne prononçai aucune parole. Je me contentai de la regarder, de l'envelopper sous un voile invisible de bienveillance et d'amitié. J'aurais voulu la serrer dans mes bras, la rassurer, lui expliquer, « ça va aller, il y aura encore des mecs bien, des papillons dans le ventre, des rires et des tartines que tu ne trouveras pas empoisonnées ». Mais je ne fis rien de tout cela. Je laissai passer la vague de sa rancœur contre ce morceau de pain beurré qui avait tout gâché. Je la laissai lécher ses plaies. Je ne l'enlaçai pas, pour ne pas risquer d'ouvrir les vannes d'un chagrin fermement contenu, au milieu du bar bondé. Son orgueil ne l'aurait pas supporté.

Nous bûmes encore un verre. Je lui parlai de mon travail, de mes enfants, de ma fille aînée, prochainement bachelière, qui hésitait sur les études à suivre à partir de l'année prochaine, de la vie en général. Elle sourit à l'évocation de pitreries de ma fille cadette, aux mots d'esprit de mon fils. Je l'éloignais de ses tourments, de ses fantômes invisibles, de ses douleurs impalpables.

Plus tard, je la ramenai à pied jusqu'en bas de chez elle. Je voulais m'assurer qu'elle irait bien, qu'elle rentrerait sans encombre. Je la serrai dans mes bras. L'image était sûrement un peu ridicule. Elle me dépassait de deux têtes et même en prenant appui sur mes pointes de pieds, je ne changeais pas grand-chose à cet état de fait. Mais l'affection, l'amitié, la douceur étaient là. Elle tint un moment ses doigts enlacés aux miens avant de les laisser échapper. Elle pénétra dans son immeuble. Je m'en retournai d'un pas vif dans la nuit noire.

Lucie Renard

VII

"Tell me why you're so afraid / You walk this line / You walk this line of hate / Where to people are so blind / Blind to the evil it creates"
Dis-moi pourquoi tu as si peur / Tu marches sur cette ligne / Tu parcours cette ligne de haine / Où les gens sont tellement aveugles / Ignorants du Mal qu'ils créent

Texas– *Tell me why* (Southside – 1989)

*****

Décembre 1992. Le nez presque collé au miroir, Émilie appliquait consciencieusement une couche de mascara sur ses cils. Sa forte myopie rendait les contours de son visage flous, dès qu'elle s'éloignait de plus de quelques dizaines de centimètres de la glace, rendant l'exercice périlleux. Avec l'expérience, le métier, elle aurait dû savoir se maquiller les yeux fermés. La vérité était qu'elle n'aimait pas se parer d'artifices en dehors de son boulot de mannequin. Dans la *vraie* vie, un jean, des *Converse*, un tee-shirt blanc, une peau bien nettoyée et simplement un peu de crème de jour lui suffisaient. La sophistication, elle la vivait suffisamment au quotidien lors des castings, des défilés, des shooting photos. La *vraie* Émilie était naturelle.

— Je ne sais pas si on devrait accepter ces six mois à Londres, lança Émilie. D'un côté ça peut être sympa. De l'autre, je ne sais pas. On est bien ici, non ? Qu'est-ce que tu en penses ?

Tam ne répondit pas. À pas feutrés, elle s'approcha d'Émilie, entoura sa taille de ses bras, déposa un baiser léger dans son cou. Cette dernière frissonna et le pinceau de mascara faillit entrer dans son œil. Elle ferma les paupières, par réflexe, créant de longues traînées noires sous ses yeux.

— Et merde ! pesta-t-elle.

— Oups... Désolée, bafouilla Tam.

— Tu es sûre qu'on doit y aller, ce soir ? questionna Émilie pour la sixième fois en une heure. Sinon, je laisse tomber le maquillage et on se regarde un film tranquilou.

— Je n'en ai pas plus envie que toi. Mais ma mère a exigé notre présence pour la réception de Noël. Pour mon père, soi-disant.

— Bon. Passe-moi le démaquillant.

— Tu es fâchée ? demanda Tam, soudain inquiète.

— Non. Je me demande juste pourquoi on fait tout ça. Moi, j'ai laissé tomber, avec mes parents.

— Je sais. J'ai peut-être tort d'espérer que mon père s'intéressera un jour à moi autrement que comme un faire-valoir vis-à-vis de ses potes plus cons les uns que les autres. Oui j'ai sûrement tort. Il m'a tellement montré qu'il s'en foutait. Mais ...

Le reste de la phrase se perdit dans un sanglot. Émilie lâcha le coton à démaquiller, se retourna pour découvrir le beau visage de Tam baigné de larmes. Affolée, elle ouvrit ses bras, juste à temps pour accueillir la jeune femme si soudainement dévastée, la serra fort contre elle.

— Tam... Qu'est-ce qu'il se passe ? C'est cette soirée qui t'angoisse ?

— C'est... Ce sont... Les gens... hoqueta-t-elle, le souffle court.

— Quels gens ?

Tam ne répondit pas. Les larmes silencieuses coulaient sans qu'elle n'essayât de les retenir. Émilie chercha des mots pour la réconforter, lui insuffler un peu de force.

— Ils ne peuvent pas être si terribles. Sûrement pas aussi horrible que cette directrice de casting jeudi dernier, ou que ce photographe pour la campagne Armani.

— Tu ne peux pas savoir...

— Alors explique-moi ! Fais-moi comprendre, Tam, s'il te plaît.

— Tu resteras près de moi ? Tout le temps ?

— En permanence. Comme ton ombre.

Elle la serra un peu plus contre elle. Anxieuse, elle lui glissa finalement à l'oreille, doucement.

— Tam, tu ne veux pas me dire ce qu'il se passe ?

De longues secondes s'écoulèrent avant que finalement, d'une toute petite voix, Tam murmure.

— Je te raconterai tout. Tout. C'est promis. Mais pas aujourd'hui.

— D'accord. Pas aujourd'hui.

Un frisson glacé parcouru l'échine d'Émilie, comme l'imminence d'un danger invisible et mystérieux qui les menacerait dans l'ombre. Elle resserra son étreinte. Les deux jeunes femmes restèrent ainsi, immobiles, jusqu'à ce que se calment les sanglots de Tam.

*****

Lorsque les deux jeunes femmes arrivèrent dans le somptueux appartement haussmannien, la réception battait déjà son plein.

Émilie avait revêtu une robe noire, assez courte, toute simple et près du corps. Un rang de perles rehaussait sa tenue. Elle était chaussée de bottes à talons qui la faisaient paraître encore plus grande que son mètre quatre-vingts. Tam avait longtemps hésité sur ce qu'elle allait porter, essayant des jupes, des pantalons, des chemisiers. Les vêtements mis de côté formaient un tas informe sur le sol de la chambre. Finalement, elle avait opté pour un pantalon cigarette noir, un pull sans manches anthracite et des bottines plates, un style sobre et classique. La seule fantaisie consistait dans des larges créoles fines en or rose qui égayaient un peu son visage très légèrement maquillé.

Lorsqu'elles pénétrèrent dans le vaste hall d'entrée, Louis, le majordome obséquieux, les débarrassa de leurs manteaux. Il courba le dos et leur servit du « *Bonsoir mesdemoiselles* » et autres « *Mesdemoiselles vont-elles bien ?* » auxquels les deux jeunes femmes se gardèrent bien de répondre. Grand bien leur en fît, car aussitôt sa cordiale question posée, l'homme s'évapora, emportant avec lui les manteaux et les écharpes.

Les deux jeunes femmes se frayèrent un chemin dans la foule endimanchée. Un maître d'hôtel en smoking et nœud papillon noir leur offrit des coupes de champagne. De graciles servantes circulaient, portant des plateaux couverts de petits fours et canapés chauds et froids. Les invités devisaient, parfois riaient trop fort à une plaisanterie d'un goût incertain, ou encore s'enlisaient dans l'énoncé interminable de leurs récents succès professionnels. Ici, une femme faisait admirer à deux autres harpies son bronzage. « *Il faisait si beau à Saint Barth la semaine dernière. C'est incomparable, quand on pense à ce que l'on s'entête à vivre ici* », faisait-elle mine de se plaindre. Là, un homme présentait un jeune premier à la mèche gominée à une cour admirative. « *Mon fils, Paul-Henri. Il est actuellement en dernière année de l'École Polytechnique, et a décidé d'entamer en même temps son Master, un MBA, vous voyez ?* », se gargarisait-il alors que le jeune paon faisait la roue dans son sillon.

Tandis que les deux femmes passaient devant le groupe pour se diriger vers la fenêtre, le jeune prodige adressa à Tam un regard qui ne laissa aucune ambiguïté sur ses intentions. Il détailla longuement le corps de la jeune mannequin, laissant ses yeux naviguer lentement du haut en bas de sa silhouette. Tam se raidit instantanément. Instinctivement, Émilie se rapprocha d'elle, décrocha un regard assassin à l'importun, se plaça d'autorité entre son œil effronté et le corps de son amie. Les deux jeunes femmes, ayant atteint la porte-fenêtre, sortirent sur le balcon filant qui surplombait les lumières de la ville. Émilie sortit deux cigarettes, en alluma une pour Tam puis une pour elle-même. Le froid de décembre les fit frissonner mais elles demeurèrent à l'extérieur, si proches l'une de l'autre que leurs épaules se touchaient.

— Tu es vraiment tendue, remarqua Émilie. Tu connaissais ce p'tit con ?

Tam haussa les épaules.

— Le fils d'amis de mes parents. Ils sont tous comme ça, interchangeables, arrogants, persuadés d'être le seul et unique *god's gift to women*[3]. J'ai dû le croiser quelques fois.

— Je connais ce genre de gars. J'ai eu mon lot de rallyes et de soirées arrangées par la bourgeoisie de province, moi aussi. C'était chiant, admit-elle.

— Les p'tits cons ne sont pas les pires, lança Tam, soudain pensive.

Émilie ne releva pas. Les deux jeunes femmes fumèrent en silence avant de rentrer dans l'appartement surchauffé. Elles reprirent une coupe de champagne, la burent d'un trait sans se concerter. Les groupes se formaient et se défaisaient au gré des conversations. Les deux femmes ne se mêlaient pas aux autres convives. Elles étaient là en représentation, de la même façon que lorsqu'elles étaient invitées dans les boîtes branchées pour y électriser l'ambiance. Tam semblait peu à peu se détendre. Elle échangeait des paroles furtives avec Émilie, à voix basse. Soudain, une voix aiguë, nasillarde se fit entendre dans leur dos.

— Tamara, ma chérie, tu es là ?

---

[3] « Cadeau de Dieu pour la gent féminine ». Il s'agit d'une expression américaine pour désigner un homme prétentieux et sûr de son charme.

Émilie ravala la remarque acerbe qui lui venait aux lèvres devant une interrogation aussi rhétorique que ridicule. Elle afficha un sourire de circonstances, forcé, accentué, totalement factice.

— Bonjour Madame, fit-elle, tendant sa main pour saluer la mère de son amie, avec une politesse convenue.

— Ah, tu as ramené ton amie. C'est bien, siffla-t-elle entre ses dents, serrant mollement la main d'Émilie sans même daigner la regarder, avant de poursuivre. Tamara, ma chérie, viens voir le magnifique cadeau que je t'ai acheté pour Noël, articula-t-elle d'une voix forte et claire, afin que chaque invité puisse profiter de son discours vantant sa générosité vis-à-vis de sa fille unique.

Tam haussa les épaules avant de suivre sa mère, Émilie sur ses talons. Sur un guéridon trônait une boite rectangulaire dorée ornée d'un large ruban rouge.

— Joyeux Noël, ma chérie, fit leur hôtesse en tendant le paquet à Tam.

La jeune femme prit le paquet, remercia sa mère.

— Ouvre-le, l'encouragea cette dernière.

La jolie blonde s'exécuta, faisant glisser le ruban soyeux pour défaire le nœud avant d'ouvrir la boîte. Elle en sortit une paire d'escarpins vertigineux, noirs et lamés, la semelle du dessous rouge écarlate si reconnaissable, signature de ce couturier célèbre et non moins hors de prix. Tam leva un sourcil dubitatif avant de lancer un regard surpris à Émilie qui haussa les épaules. Bien que sans aucun doute magnifiques, ces escarpins chics étaient loin d'être le type de chaussures qu'affectionnait la jeune femme. Lorsqu'elle ne travaillait pas, elle n'aimait rien d'autre que revêtir son jean et chausser des *Converse*, comme une seconde peau à laquelle elle reviendrait à chaque mue. Elle remercia néanmoins sa mère pour le cadeau, songeant qu'elle pourrait toujours les porter pour sortir.

— Tu ne les essaies pas ? insista la femme, impatiente.

Agacée mais néanmoins docile, Tam s'exécuta, retira la bottine, glissa le pied dans le délicat soulier. Mais alors, elle ne put s'empêcher d'afficher un rictus de douleur.

— Alors ? insista sa mère.

— Ils sont... trop petits, avoua-t-elle.

— Trop petits ? Ah bon ?

La jeune femme retira la chaussure, vérifia la taille. Effectivement, elle affichait une pointure de moins que la sienne.

— Fais voir ? ordonna la mère en attrapant l'escarpin. Ah oui, tu as raison, c'est ma taille, donc ça ne peut pas t'aller. Oh... quel dommage !

Tam resta interdite, ne sachant pas trop quelle réaction adopter. Sa mère ne lui laissa pas le temps d'improviser et suggéra une solution tout à fait prévisible.

— Dans ce cas je vais les garder pour moi. C'est vrai, tu ne vas pas t'encombrer de chaussures que tu ne porteras jamais. Je vais te rendre ce service et les stocker chez moi.

— Heu... Si tu veux, accorda Tam, abasourdie.

Ses derniers mots de perdirent dans un brouhaha alors que l'hôtesse de ces lieux repartait déjà accueillir des invités, non sans avoir repris la boîte contenant les précieux souliers hors de prix.

D'abord dubitatives sous le coup de la surprise, les deux jeunes femmes finirent par sourire de l'absurde de la situation.

— C'est ma mère, elle est comme ça. Tout le temps, admit Tam.

— Pfffff... Ma chérie, je ne sais pas comment tu peux être aussi adorable en ayant une mère comme celle-ci.

— Un peu comme toi, sans doute, suggéra Tam.

Émilie saisit deux coupes de champagne, en tendit une à son amie. Un peu choquée, elle apprécia le fait que Tam prit de la distance par rapport à la scène qui venait de se produire. La jeune femme aurait facilement pu se trouver davantage bouleversée par le comportement égocentrique de sa mère. Elle semblait néanmoins ne pas trop accuser le coup. Émilie lui sourit et lui glissa à l'oreille.

— Tu es merveilleuse. Ne laisse jamais personne te faire douter de cela.

Tam lui retourna son sourire et but son champagne à petites gorgées. Les deux jeunes femmes se détendirent un peu. Une musique, sans doute provenant de chez les voisins du dessous et filtrant à travers les parquets, égrenait des accords de guitare et leur donnèrent bientôt envie de se trémousser. En tout autre lieu, elles auraient dansé, mais là, elles se contentèrent de hocher doucement la tête en rythme et de chanter en sourdine les paroles de la chanson de *Texas*.

« *Tell me why you're so afraid*

You walk this line
You walk this line of hate
Where to people are so blind
Blind to the evil it creates »

Seules au monde, elles s'abandonnaient, l'espace d'un instant, dans un monde de musique qui n'appartenait qu'à elles. Elles ne firent plus attention aux invités guindés autour d'elles. C'est pourquoi elles ne virent pas l'homme qui s'approchait, jusqu'à ce qu'un timbre grave se fasse entendre derrière elles et qu'une main baladeuse s'aventure sur la hanche de Tam.

— Ah ! Ma beauté, tu es là.

La jeune femme étouffa un cri et son visage se décomposa dans une expression d'horreur non feinte.

— Laissez-moi tranquille ! ordonna-t-elle en essayant de se dégager de l'emprise de l'homme, qui profita de la confusion pour se rapprocher davantage et saisir le bras de la jeune femme.

— Allons, ma belle, viens dire bonjour à Tonton Denis. Ça se fait, de dire bonjour et d'être polie avec les amis de ton père.

— Lâchez-moi ! jeta-t-elle dans une plainte aigue, douloureuse.

— Tu n'as pas toujours dit ça, ma jolie. Avoue que tu l'aimes bien, Tonton Denis…

Comprenant soudain ce qui se jouait, Émilie sentit son sang ne faire qu'un tour. N'hésitant pas davantage, elle s'interposa, plantant le talon de sa botte dans le mocassin en nubuck souple de l'homme qui poussa un cri de surprise et de douleur.

— Salope !

— Laissez-la tranquille, rétorqua Émilie en essayant d'entraîner son amie loin de lui, malgré la foule qui faisait barrage, soudain passionnée par l'imminence d'un fait divers.

— Salope ! hurla-t-il à nouveau.

— Quel vocabulaire ! Et quelle classe ! rétorqua-t-elle.

C'en était trop. Frayant un chemin pour elle-même et Tam, elle souffla en direction de son amie.

— Viens, on se casse.

Tam se laissa entraîner vers la sortie. Émilie récupéra les manteaux, les étoles et les deux femmes se retrouvèrent bientôt sur le trottoir. Elles se hâtèrent dans la nuit en direction de la station de métro la plus proche.

Lucie Renard

VIII

"... I only wanted to one time to see you laughing / I only wanted to see you / Laughing in the purple rain"
Je ne voulais rien d'autre qu'une unique fois te voir rire / Je ne voulais rien d'autre que te voir / Rire sous cette pluie mauve

Prince – *Purple rain* (Purple rain – 1984)

*****

Décembre 1992. Dans les couloirs du métro, Émilie se dirigea, par habitude, vers la ligne qui les mènerait à son appartement, pensant entraîner Tam dans son sillage. Cette dernière s'immobilisa soudain sur le quai. Son visage affichait une expression déterminée que la jolie brune ne savait déchiffrer.

— Tam, tu viens ? invita-t-elle d'une voix douce.

Mais son amie ne bougea pas.

— Tam, on rentre chez moi ? Viens, j'entends le métro à l'approche.

Tam hocha la tête négativement, fixant Émilie d'un regard impénétrable.

— Tam, que se passe-t-il ? Dis-moi quelque chose. Tu me fais peur, là.

— Viens, intima-t-elle. On va quelque part.

Surprise, Émilie suivit néanmoins son amie dans les couloirs sombres vers la ligne 1. Les deux jeunes femmes s'engouffrèrent dans la rame. Elles sortirent à la station

Concorde. Tam ne prononçait mot, concentrée sur son objectif. Bien que curieuse, Émilie n'osa pas la questionner et se contenta de suivre les pas rapides de son amie. Bientôt, elles arrivèrent Place Vendôme. A l'entrée d'un célèbre hôtel cinq étoiles, le chasseur s'effaça pour leur céder le passage, les gratifiant d'un « *Bonsoir, mesdames* » plus respectueux qu'obséquieux. Tam se dirigea résolument vers le bar. N'y tenant plus, Émilie interrogea.

— Tu veux vraiment continuer la soirée dans un bar ? Tu n'as pas eu ta dose d'emmerdeurs pour ce soir ?

Tam chassa ces paroles d'un revers de la main.

— Ici, c'est différent.

Sans hésitation, elle entraîna son amie vers le fond du bar, s'assit à une petite table à l'écart. Une bougie se consumait, scintillant dans la semi-pénombre alors qu'elles s'installaient confortablement dans les fauteuils club en cuir Camel.

— J'adore les bars d'hôtels, avoua Tam, et celui-ci en particulier.

Une musique d'ambiance les berçait de reprises instrumentales de mélodies connues. Émilie reconnut les accords d'un des plus grands succès de Prince. Les paroles traversèrent sa mémoire et vinrent mourir en silence sur ses lèvres sèches alors qu'elle observait son amie.

> « *I never meant to cause you any sorrow*
> *I never meant to cause you any pain*
> *I only wanted to one time to see you laughing*
> *I only wanted to see you*
> *Laughing in the purple rain*

*Purple rain, purple rain (...)
I only wanted to see you
Bathing in the purple rain* »

La belle blonde aux yeux de chat se laissa couler dans le fauteuil, relâchant la pression de ses muscles, de son dos, de son cou et laissa échapper un soupir de bien-être.

— C'est mon endroit secret à moi, poursuivit-elle.

— Secret... secret, pas tant que ça, rétorqua la grande brune. Et tu vas voir que dans deux minutes, on va avoir droit à une tentative d'approche.

Émilie indiqua du regard quelques hommes d'affaires, négligemment accoudés au bar, qui n'avaient pas manqué de remarquer leur entrée. Comment auraient-ils pu ignorer ces deux magnifiques jeunes femmes aux allures de gazelles, fines et élégantes, dont l'apparition tenait presque du mirage ?

— Ne t'en fais pas. On va rester là, boire un verre, et personne ne viendra nous ennuyer, affirma la jolie blonde.

Dubitative, Émilie s'en remit à son amie qui, profitant du passage d'un serveur à proximité, commanda deux gin tonic. Alors que le barman s'affairait à la préparation de leurs cocktails, le serveur revint vers elles et proposa.

— Mesdames, je dois vous informer que le monsieur au blazer bleu marine au bar, fit il en indiquant avec discrétion un homme qui regardait tout sourire dans leur direction, souhaite vous offrir vos consommations. Acceptez-vous ?

— Non, répondit immédiatement Tam. Nous ne souhaitons pas être interrompues. Merci néanmoins.

— Parfait, Mesdames. Je veillerai à ce que vous ne soyez pas importunées.

— Merci bien.

Alors que le serveur s'en retournait chercher les verres, Tam indiqua à son amie, médusée.

— Et voilà, ce n'est pas plus compliqué que ça. Et tu verras que personne n'osera plus tenter sa chance ce soir, fit-elle, satisfaite, tout en allumant une cigarette et en soufflant délicatement la fumée.

Leurs boissons se matérialisèrent sur la table, près de la bougie, comme par magie. Tam but une longue gorgée, alluma une autre cigarette et plongea ses yeux dans ceux de son amie qui la dévisageait en silence. Soudain, elle lâcha la bombe.

— L'homme qui était là, à la soirée, il m'a violée.

Émilie resta un moment abasourdie, sans comprendre, avant de recoller les morceaux, de faire le lien avec le début de soirée.

— Ce copain de ton père ? demanda-t-elle, en insistant sur le lien sensé la protéger d'une quelconque agression.

— Oui, ce *copain*, qui se surnomme lui-même *tonton*, alors qu'il est autant mon oncle que je suis ta tante. C'est juste un vieux pervers que mon père vénère.

— Et il t'a...

— Violée, acheva-t-elle. Oui. Plusieurs fois.

— Et ton père l'a su ? comment se fait-il...

Émilie n'alla pas plus loin. Elle vit le visage de son amie se déformer sous la douleur du souvenir, sa bouche se tordre, ses yeux s'inonder. Elle distingua les phalanges blanchies de la jeune femme qui se crispaient sur le verre et le portaient fébrilement à sa bouche pour boire, trop et trop vite.

— Tam... tenta Émilie, posant sa main sur celle de son amie.

— Quand j'en ai parlé à mon père, il ne m'a pas crue, articula-t-elle. Il a dit... il a dit...

La jeune femme tenta de prendre une profonde inspiration pour refouler le sanglot qui menaçait d'imploser. Quand elle put à nouveau parler, elle gémit d'une voix rauque.

— Il a dit que je mentais. Que son ami ne ferait jamais une chose pareille, que c'était un homme respectable et il a ajouté que... que... que c'était moi... et mes fréquentations... qui étaient...

Elle ne put rien ajouter. Elle serra les dents alors qu'un océan salé dévalait ses joues. Émilie se leva brusquement, tomba à genoux devant son amie, saisit ses mains dans les siennes, les serra, les embrassa, plongea son regard dans celui, embrumé, de son amie.

— Oh, Tam ! Tam...

Cette dernière resta immobile, le visage défait, comme hors du temps, hors de ce lieu. Les deux jeunes femmes, indifférentes à ces hommes qui peut-être les observaient, étaient seules au monde dans ce moment de douleur qui les enveloppait.

Il était tard. Les buveurs se firent plus rares. Certains, comprenant qu'ils n'auraient pas leur chance ce soir, avaient choisi de céder à la fatigue, d'aller coucher leur solitude passablement enivrée. D'autres avaient tenté de suivre, de loin, leur conversation passionnée, curieux amateurs de ragots de bas étages. Ils s'étaient néanmoins rapidement lassés, avaient terminé leur verre en quelques gorgées, leur bouche tendue dans un curieux rictus alors que le liquide ambré descendait trop rapidement et leur brûlait le gosier.

Tam, qui avait libéré une main, saisit son cocktail qu'elle termina à petites gorgée. Elle ébaucha un sourire pour rassurer son amie, murmura.

— Ça va, maintenant, tu sais. Tant que je ne le vois plus, tant que je ne le croise pas, ça va.

Émilie acquiesça. Elle se releva, maladroitement, un peu choquée, un peu saoule, aussi. Elle se rassit sur le bord du fauteuil en cuir tanné, but son verre d'un trait, grimaça.

— Ce soir, c'était… Il ne faut plus jamais de soirée comme celle-ci. Plus jamais.

— Non, plus jamais.

— Je crois que je pourrais le tuer, de t'avoir fait cela !

— Il n'en vaut pas la peine.

— Plus jamais quelqu'un ne te fera du mal, je te le promets. Je serai là, Tam. J'y veillerai.

— Allons à Londres, dit soudain Tam. Partons. Acceptons le contrat. Quittons Paris.

— Tout ce que tu voudras. Londres, c'est parfait ! confirma Émilie, saisissant ce prochain départ comme la bouée qui sauverait son amie.

*****

Les deux jeunes femmes traversèrent les jours qui suivirent comme dans un songe. Elles ne manquèrent pas d'activité, entre les papiers administratifs, passeports et visas, les allers-retours à l'Agence pour vérifier les détails logistiques. Elles avaient mille choses à faire, sans compter les castings en cours, les engagements déjà pris auparavant à honorer. Néanmoins, la perspective du départ prochain leur procurait des ailes et elles traversèrent ces journées avec une légèreté qu'elles n'avaient pas ressentie depuis longtemps.

L'Agence s'occupa de leur trouver un appartement dans le centre de Londres, confortablement meublé et bien situé. Leur excitation allait grandissante au fur et à mesure que les jours passaient et que la date du départ approchait. Émilie, surtout, ne cachait pas son enthousiasme devant les changements qui les attendaient. Son amie était plus réservée. Elle se retranchait parfois dans un profond mutisme. Questionnée, elle répondait immanquablement que c'était un peu de fatigue, qu'elle était heureuse de partir. Néanmoins, elle semblait absente. Quand Émilie chercha à lui communiquer son enthousiasme, elle se rebiffa. Elle passait de moins en moins de nuit dans le loft de Saint-Germain-des-Prés, préférant rentrer dans son propre appartement, prétextant du rangement à effectuer en vue du voyage. Émilie n'insista pas, d'autant plus que l'Agence les sollicitait sur de nombreux contrats ces dernières semaines et leur laissait peu de répit.

Un soir, après un défilé particulièrement éprouvant au cours duquel il avait fallu composer avec une estrade brinquebalante, des éclairages mal fixés et un couturier qu'une telle désorganisation rendait furibard, les deux jeunes femmes furent convoquées par la directrice de casting. Quand elles pénétrèrent dans le bureau, cette femme, la quarantaine distinguée et élégante, terminait une conversation téléphonique, saluant son interlocuteur d'un ton hautain. Elle hocha la tête, faisant voleter ses cheveux blonds cendrés coupés courts qui retombèrent autour de son visage dans un pli parfait. Elle raccrocha et fit signe aux deux jeunes femmes de s'asseoir. La tension était palpable. Elle les observa longuement, à tour de rôle, avant de déclarer.

— Bon. C'était compliqué cet après-midi, mais vous vous en êtes plutôt bien sorties.

Les deux jeunes femmes laissèrent échapper un soupir de soulagement. La directrice poursuivit.

— C'était notre commanditaire. Il est satisfait. Il vous veut à Londres dans dix jours. Vous pouvez être fières de vous.

Les visages des deux jeunes femmes s'éclairèrent d'un large sourire. Émilie, la première, remercia la directrice de casting.

— C'est une très bonne nouvelle. Mais alors, pour le départ ? s'enquit-elle.

— Vous partez samedi. Soyez prêtes. Je compte sur vous.

Émilie jubilait. Tam, plus en réserve, s'efforça de sourire. Un voile inquiet ternissait néanmoins son regard. La directrice poursuivit.

— Et comme vous avez bien travaillé, je vous ai obtenu un accès back-stage pour Paul McCartney à Bercy. C'est ce soir, continua-t-elle en leur tendant deux laissez-passer. Allez, filez ! Bonne soirée et à demain !

Émilie prit les deux cartons et remercia chaleureusement. Tam l'imita et se leva pour prendre congé. La directrice la rappela un instant, l'obligeant à lui faire face, la scrutant d'un air interrogateur.

— Tamara, est-ce que tout va bien ?

— Oui, rétorqua celle-ci. Un peu de fatigue, c'est tout.

— Tu es sûre ? J'ai besoin de savoir s'il se passe quelque chose. Tu en as conscience, n'est-ce pas ?

— Oui, oui, ne vous en faites pas. Tout va bien.

— J'espère… conclut-elle d'un ton qui trahissait le doute.

Elle les laissa néanmoins sortir du bureau.

*****

Ce n'était pas la première fois qu'elles assistaient au concert d'une star de renommée internationale en *back-stage*. De par le prestige de leur Agence, les mannequins bénéficiaient souvent de telles invitations. Les directrices de casting ne manquaient pas de récompenser leurs efforts en leur offrant ces petits privilèges, conscientes que cela leur permettait, en même temps, de remplir un rôle de représentation non négligeable. Ainsi, l'Agence profitait des retombées positives des apparitions de ses modèles. Tout le monde s'y trouvait gagnant. Il y avait même eu une période où elles avaient reçu tellement d'invitations à des concerts qu'elles semblaient ne même plus vraiment les apprécier. Elles avaient même assisté aux spectacles de groupes dont elles n'aimaient pas vraiment le style musical et ce trop-plein de mondanités avait gâché le plaisir de la musique. Pourtant, ce soir, elles étaient toutes deux particulièrement enchantées de se trouver dans les coulisses alors que le grand Paul McCartney allait bientôt faire son entrée sur scène.

La première partie assurait pas mal. Il s'agissait d'un groupe anglais dont la chanteuse possédait un timbre de voix profond et suave. Les guitares acoustiques, la basse, le clavier et les percutions qui l'accompagnaient rythmaient les paroles dans un style qui introduisait parfaitement la performance à venir de l'ancien membre des mythiques *Beatles*. La salle, comble, était euphorique. En coulisse, les musiciens du chanteur vérifiaient les derniers détails et les branchements de leurs oreillettes avec les ingénieurs du son. Le bassiste, un peu nerveux, essayait de plaisanter avec les deux jeunes femmes. Émilie lui trouva du charme, avec ses yeux pétillants, sa fossette sur la joue gauche lorsqu'il souriait et le débit rapide de ses paroles qui traduisait son trouble face à la jeune femme mêlé au trac de la performance à venir.

Le concert fut grandiose. Les deux jeunes femmes se laissèrent transporter par la musique, les accords de guitare, les mélodies et les textes qui parlaient de la vie, de l'amour et de l'espoir. Elles profitèrent du champagne offert aux VIP et rapidement, elles évoluèrent dans un mélange délicieux de musique et de volupté. Il y eut un rappel, puis un second. Quand finalement l'obscurité envahit la scène et que le public commença à affluer vers la sortie, les musiciens, épuisés mais heureux, les rejoignirent en *back-stage*. De nouvelles bouteilles furent ouvertes, des éclats de rire se mêlèrent aux « *cheers !* » victorieux et le bassiste osa entourer la taille fine d'Émilie de son bras. Celle-ci se laissa faire volontiers, légèrement ivre, totalement sous le charme du bel anglais.

Tam reposa sa coupe sur une pile de caisses de transport. Le sourire qui avait éclairé son visage une partie de la soirée s'évanouit soudain. Elle s'approcha d'Émilie, lui glissa à l'oreille.

— Je vais rentrer.

La belle brune, surprise et incrédule, bafouilla.

— Déjà ? Mais... Il est encore tôt, non ?

— Reste ici, toi, répondit Tam. Je suis fatiguée. Je vais rentrer me coucher et on se voit demain à l'Agence.

— Tu... tu es sûre ?

— Oui. Ne t'en fais pas. Et puis, j'avais prévu de dormir chez moi ce soir.

— Ah...

La jolie blonde ébaucha un sourire doux, qu'elle voulut rassurant.

— Reste, ma chérie, et amuse-toi. Tu as l'air en très bonne compagnie. Alors, profite ! A demain.

— A demain, lança Émilie en posant un baiser sur la joue rosie de son amie.

Tam partie, Émilie resta avec le groupe et une poignée de VIP de la presse musicale. Le bassiste ne la quittait pas d'une semelle et elle se laissa aller contre son épaule. Bientôt, il lui susurra des mots suaves à l'oreille, dont elle ne comprit pas tout le sens, mais qui créèrent de doux frissons le long de son échine.

Le groupe ne devait repartir que le lendemain, en fin de matinée, pour un concert sur Lille. Émilie accepta encore un verre, quelques bulles, quelques mots d'un anglais chantant murmurés juste pour elle. Elle reçut un baiser doux qui, rapidement, se fit pressant contre ses lèvres gourmandes. Alors que les dizaines de mains affairées des travailleurs de l'ombre démontaient, rangeaient le matériel et remballaient les équipements, Émilie suivit le bassiste dans la limousine.

Conquise, elle s'oublia dans les bras du bel anglais, le temps d'une nuit dans un palace parisien. Elle oublia tout, la fatigue des dernières semaines, la tension accumulée, les affronts des langues de vipères et surtout cette peur enfouie, ce sentiment inexplicable que quelque chose de terrible allait survenir. Elle oublia tout, se laissant aller à cette étreinte à la fois douce et chavirante, à ces baisers chauds et dévorants, à une nuit d'ivresse et d'amour passionné.

Bleue comme toi

IX

"Then I open up and see / The person falling here is me / A different way to be"
Alors je m'ouvre au monde et je vois / La personne tombée ici c'est moi / Un moi différent

The Cranberries– *Dreams* (Everybody else is doing it, so why can't we? – 1993)

*****

Avril 1993. Émilie ouvrit les yeux et s'étira comme un chat. Elle repoussa la couette bleu ciel, tâta machinalement la place près d'elle. L'oreiller était froissé, mais personne n'y était plus allongé. La jeune femme se retourna et s'étira à nouveau, allongeant ses bras, ses jambes interminables, comme une étoile de mer. Les rayons du soleil filtraient au travers du store occultant de la verrière. Elle sourit à la journée qui débutait.

Tendant le bras au bas du lit, elle attrapa un cardigan qu'elle enfila par-dessus le tee-shirt XXL qui lui tenait lieu de pyjama, avant de glisser ses pieds dans une paire de chaussettes épaisses. Des bruits de vaisselle et de casseroles lui parvinrent de la pièce principale du loft et l'intriguèrent. Elle ouvrit la porte de communication de la chambre. Simplement vêtue d'un sweat-shirt bleu immense qui couvrait partiellement la dentelle de son sous-vêtement, les pieds nus, une ravissante blonde, armée d'une spatule en bois, se débattait avec une poêle à frire. Émilie sourit, s'approcha de la jeune femme qui, tout à sa cuisine, ne l'avait pas entendue entrer. Elle posa délicatement ses lèvres sur le cou de la jolie blonde, qui sursauta en poussant un cri.

— Bonjour, ma chérie.

— Émy ! Tu m'as fait peur.

— Mauvaise conscience ? interrogea-t-elle, taquine.

— Non. Œufs brouillés au saumon fumé.

— Que me vaut le plaisir de ce festin ?

— Il fait beau. Et j'avais envie de nous préparer quelque chose de bon.

— Tu sais, tu es la seule que je laisserais me préparer le petit déjeuner.

— Je sais, s'amusa Tam. Et j'en profite.

— Laisse-moi t'aider, proposa Émilie, prenant la spatule des mains de son amie pour s'occuper des œufs qui menaçaient d'adhérer à la poêle.

Tam glissa deux *English muffins* dans le grille-pain puis s'approcha de la fenêtre.

— Tu as vu ce soleil ? Ceux qui disent qu'il pleut tout le temps à Londres ne connaissent rien ! Il y fait un temps magnifique.

Émilie sourit. Sans cesser de surveiller la cuisson des œufs, elle jeta des coups d'œil furtifs à son amie. Londres lui avait fait un bien fou. Au fil des semaines, Tam s'épanouissait, elle revivait. Finis les rêves qui l'arrachaient au sommeil au cœur de l'obscurité, trempée de sueur et tremblante. Envolées les angoisses qui, auparavant, la tenaient éveillée une partie de la nuit et que seul le cannabis parvenait à calmer. Réchauffé, son corps glacé par le doute et la crainte des obligations mondaines familiales.

Depuis leur arrivée, les deux jeunes femmes avaient partagé leur temps entre le travail – énormément de travail – les sorties et quelques visites de musées. Elles avaient enchaîné les contrats, les castings, les séances photos. L'Agence avait tenu parole et avait mis à profit leur séjour en remplissant leur agenda plus qu'abondamment. Défilés, inaugurations, campagnes de publicité, soirées de lancement de marques, tout avait été prétexte à faire travailler les filles qui, loin de s'en plaindre, s'épanouissaient dans cette profusion d'activité. En quatre mois, il n'y avait eu quasiment aucune journée où elles n'avaient pas été *bookées*, week-end compris. Toutes deux s'en réjouissaient. Elles avaient conscience du caractère éphémère de leur profession et saisissaient toutes les opportunités qui se présentaient.

Émilie, en particulier, était heureuse de ce succès professionnel. Bien qu'elle n'en eût pas parlé à Tam, le départ de Paris avait été particulièrement houleux. Ses parents, informés, l'avaient interrogée sur ses études. Elle avait dû leur avouer qu'elle ne mettait plus les pieds à la Sorbonne depuis de nombreux mois. Le ton était monté. La jeune femme avait rétorqué qu'elle n'exigeait rien d'eux, que son métier subvenait parfaitement à ses besoins matériels et qu'elle ne leur demandait pas leur avis. Son père avait rugi, s'insurgeant contre un métier qui « *n'en était pas un* », qui « *n'avait aucun avenir* », qui la ferait « *crever de faim avant d'avoir atteint l'âge de trente ans* ». Émilie avait tourné les talons, claqué la porte, avait fui se réfugier chez sa grand-mère, n'était plus retournée chez ses parents. Elle n'avait plus donné la moindre nouvelle depuis lors et n'avait aucunement cherché à en recevoir.

Ce fut lors de ces quelques jours passés auprès de Maminou qu'elle s'était ouverte à son aïeule sur son amertume vis-à-vis de ses parents qui sans cesse critiquaient sa moindre décision et ses agissements. C'était d'autant plus rageant qu'ils ne se comportaient jamais ainsi avec Anne-Claire et Alexandre, la sœur et le frère d'Émilie. Maminou avait levé les yeux au ciel et prononcé à nouveau l'allusion énigmatique.

— Ne sois pas trop dure avec ta mère, ça n'a pas été facile pour elle...

Émilie s'était alors emportée.

— Mais comment ça, pas facile ? Elle mène une vie de bourgeoise provinciale qui n'a aucun souci, elle baigne dans l'opulence, elle a la vie la plus tranquille et la plus rectiligne que je connaisse. Et mon père a toujours été aux petits soins, à anticiper le moindre de ses désirs. Je ne vois vraiment pas comment elle pourrait être à plaindre !

— Ton père... Oui, ton père... avait murmuré Maminou.

— Quoi, mon père ?

— Émilie, quand ta mère est tombée enceinte de toi, elle était jeune. C'était... pas vraiment prévu. Il s'agissait d'un flirt de jeunesse, quelque chose qui n'a pas duré.

— Comment cela ? Mais si, ça a duré. Regarde, ils sont toujours ensemble, le parfait petit couple merveilleux comme dans les films à l'eau de rose, s'agaça Émilie.

— Laisse-moi terminer. Ta mère a rencontré celui que tu appelles ton père. Tu n'avais que quelques mois. Il est tombé fou amoureux d'elle. Il vous a offert un foyer, il t'a reconnue, il t'a élevée comme sa fille…

— Tu veux dire que mon père… N'est pas mon père ?

— Il est ton père parce qu'il t'a toujours aimée comme sa fille. Mais il n'est pas ton géniteur.

— Et Alexandre ? Et Anne-Claire ?

— Eux sont venus après, une fois que tes parents étaient mariés.

— Et pourquoi on ne m'a jamais rien dit ?

— Ta mère ne pouvait pas en parler. Ça ne se fait pas, dans la famille. Et puis, ton père t'a reconnue. Il n'y avait pas de raison de te surcharger de détails inutiles.

— Des détails ? Mais Maminou, ces *détails*, comme tu dis, expliquent tout ! Les différences de traitement entre ma sœur, mon frère et moi, les réactions de mon père, la rancœur permanente de ma mère, tout ! Je vais aller leur expliquer ce que j'en pense, moi, de leurs petits secrets !

— Non, Émilie, s'il te plait. Ta mère m'avait fait promettre de ne jamais rien te dévoiler. C'est inutile. Il y a eu suffisamment de douleur, de doute. Laisse le passé là où il est. Vis ta vie, ma chérie. L'avenir, c'est ce qu'il y a devant toi, ce que tu as entre tes mains et ce que tu vas en faire. Pense à toi. Vis.

Émilie avait hurlé, pleuré, puis fini par abdiquer. Elle n'avait pas cherché à revoir ses parents et elle avait renoncé à aborder les sujets fâcheux avec eux. Elle avait passé deux jours supplémentaires chez Maminou qui lui avait confectionné ses succulentes crêpes au caramel et beurre salé, celles qui soignent les maux du cœur, elle avait galopé sur la plage normande au lever du soleil jusqu'à s'étourdir, saoule de vent, d'écume salée et d'embruns. Puis, apaisée, elle avait serré fort sa grand-mère dans ses bras avant de regagner Paris pour préparer ses valises à la hâte.

Émilie avait gardé pour elle cet épisode fâcheux. Elle n'avait pas voulu ennuyer Tam avec ses états d'âme familiaux, consciente que la jeune femme avait déjà son lot à porter. D'ailleurs, cette dernière avait quitté la France sans en avertir sa propre famille. Lorsque, finalement, elle leur avait annoncé son absence, à la fin du mois de janvier, aucun de ses parents n'avait émis le moindre commentaire sur le sujet.

Les deux jeunes femmes s'étaient jetées à corps perdu dans le travail et celui-ci le leur rendait bien. Le succès appelant le succès, l'une et l'autre transformaient en contrats la plupart des castings qu'elles tentaient. Elles étaient même parvenues à figurer dans les pages de papier glacé d'un prestigieux magazine de mode anglais, ce qui constituait un trophée d'envergure.

Ce matin-là, ensoleillé et paresseux, était le premier du genre depuis de nombreuses semaines. Les deux jeunes femmes, repues de sommeil et d'un divin petit déjeuner, sirotaient une deuxième tasse de café fumant, devant le *bow window* baigné de soleil.

— Est-ce que j'ose le dire ? Ça fait du bien de ne pas bosser, pour une fois, déclara Tam.

Émilie acquiesça d'un mouvement de tête, dégustant son café avec volupté tout en feuilletant un journal. Soudain, une annonce attira son attention. Elle poussa la page vers son amie.

— Regarde, cela se passe aujourd'hui. Ça te tente ?

— De quoi s'agit-il ?

— D'une vente aux enchères de voitures anciennes. On pourrait aller voir.

— Tu veux une voiture ? s'étonna-t-elle.

— Pas forcément, non, bien sûr que non, se défendit Émilie. Mais il doit y avoir de magnifiques modèles. Regarde, ils indiquent Porsche, Jaguar, Aston Martin, Bentley, Rolls Royce. C'est simplement pour les admirer. Ça pourrait être amusant, tu ne crois pas ?

— Pourquoi pas, admit la belle blonde en passant les doigts dans sa chevelure emmêlée.

S'approchant de la chaîne hifi, elle inséra un disque compact dans le réceptacle. Bientôt, les accords du clavier remplirent l'espace. La jeune femme ondula des hanches, des épaules, reprit en cœur le refrain, fermant les yeux pour mieux goûter la musique, s'imprégner de la voix mélodieuse de Dolores O'Riordan.

> « *I know I felt like this before*
> *But now I'm feeling it even more*
> *Because it came from you*
> *Then I open up and see*
> *The person falling here is me*
> *A different way to be.* »

Elle tournoyait dans la pièce, comme possédée par la musique. Ses bras flottaient autour d'elle, enveloppés dans le sweat-shirt bleu marine, trop large, comme les ailes d'un ange indigo. Émilie la contempla quelques minutes en souriant avant de la rejoindre dans sa danse et de s'oublier dans un tourbillon d'accords de guitare. Leurs voix se mêlèrent à celle de la chanteuse dans un volcan d'émotions, comme seule peut en procurer la musique qui parle au cœur.

*****

— Le lot vingt-et-un est cette magnifique Aston Martin de 1978. Sa délicate sellerie de cuir crème se marie parfaitement à l'acajou du tableau de bord et…

Depuis près de deux heures, les enchères battaient leur plein et de nombreux véhicules de collection avaient déjà trouvé acquéreur. Pour certains, en quête d'une bonne affaire, ces achats représentaient un investissement, alors qu'ils espéraient bien que la rareté de ce type de véhicules leur permettrait de les revendre plus cher une fois qu'ils s'en seraient lassés. Pour d'autres, il s'agissait de véritables achats guidés par la passion pour tel ou tel modèle d'automobiles. Les prix variaient sensiblement et atteignaient, pour certains lots, un niveau faramineux. Néanmoins, certains véhicules restaient accessibles. Les deux jeunes femmes s'amusaient beaucoup de l'engouement des participants dont certains se battaient férocement pour pouvoir acquérir la pièce convoitée. Émilie, qui avait toujours beaucoup apprécié les véhicules de collections, était émerveillée.

L'Aston Martin trouva bientôt acquéreur et le lot suivant fut annoncé.

— Pour le lot vingt-deux, cette délicieuse Jaguar de 1972, pourvue entièrement de pièces d'origine, à la sellerie de cuir camel …

Éblouie, Émilie ouvrit des grands yeux et agrippa le bras de Tam, lui plantant ses ongles dans la chair au passage.

— Elle est magnifique, murmura-t-elle.

Les enchères débutèrent mollement. Une femme se porta acquéreuse, puis un homme, la femme laissa tomber. Soudain, une main se leva, si subtile qu'aucune surenchère ne vint la contrer.

— Une fois, deux fois, trois fois, adjugée à cette femme, sur la gauche, en blazer bleu marine.

Subjuguée, Émilie se retourna vers Tam. Cette dernière affichait cet immense sourire que seuls présentent les conquérants. Elle fixait un point, droit devant elle, pour ne pas croiser le regard de son amie. Émilie, la main toujours posée sur son bras, sans voix, ouvrait et refermait la bouche à la manière d'un poisson rouge que l'on aurait sorti de son bocal. Finalement, elle parvint à articuler d'une voix étranglée.

— Tu… tu as fait quoi ?

Tam plongea son regard turquoise dans ses yeux, sans se départir de son sourire. Elle affirma, comme s'il se fut agi de la chose la plus évidente au monde.

— J'ai acheté une voiture.

— Tu as acheté cette voiture ? Tu as remporté l'enchère ? C'est réel ?

— Oui, ça l'est. On peut se le permettre. On travaille dur. Et puis, elle avait l'air de te plaire, non ?

Jamais Émilie n'avait vu son amie aussi sûre d'elle. C'était comme si aucun obstacle n'aurait pu ébranler sa soudaine conviction face au bien-fondé de cet achat compulsif.

— C'est une folie, non ?

— Pas tant que ça. Les enchères sont restées basses. C'est plutôt, comment dire ? Un investissement.

— Dans ce cas, je vais en payer la moitié. Ce sera notre voiture, à toutes les deux. Pour nos virées !

Le sourire que lui renvoya Tam valait tous les voyages du monde. Il y avait dans ce sourire de la confiance, de la plénitude, de l'amour aussi, toute une suite d'émotions que la jeune femme n'avait jamais réellement exprimées. Ce n'était pas seulement un véhicule qu'elles venaient d'acquérir. C'était un futur commun dans lequel elles seraient libres de leur destinée, de leurs choix, d'accepter ou de réfuter certaines attaches ou certaines contraintes.

— À nous les road trips, Thelma et Louise-style ! jubila Tam.

— Tant que ça finit mieux que dans le film[4], ajouta la belle brune avec un clin d'œil à son amie.

---

[4] Thelma & Louise est un film sorti en 1991 qui décrit la cavale de deux femmes qui, parties pour une virée en voiture entre amies, ont accidentellement tué un homme qui cherchait à violenter l'une d'elles.

Lucie Renard

*****

Le soir-même, les deux amies, un petit sac de voyage sur la banquette arrière, prenaient la route vers le sud de l'Angleterre, vers la mer, sans destination précise. Dans l'auto-radio, un CD diffusait en boucle *The ballad of Lucy Jordan* de Marianne Faithfull que les deux jeunes femmes reprenaient à tue-tête.

> *"At the age of thirty-seven*
> *She realized she'd never ride*
> *Through Paris in a sports car*
> *With the warm wind in her hair*
> *So she let the phone keep ringing*
> *And she sat there softly singing*[5]*…"*

Le chant des mouettes annonçait la fin de la chanson, faisant écho aux cris des oiseaux marins au fur et à mesure qu'elles progressaient le long de la côte anglaise.

Il y avait peu de monde sur la côte. Elles élurent domicile pour la nuit dans un petit *bed and breakfast* au charme britannique désuet, rideaux en liberty aux fenêtres, plaid en patchwork vert et bleu sur le lit, aquarelles d'oiseaux marins surplombant une fausse cheminée le long du mur. La fenêtre donnait sur la jetée où seuls quelques rares passants

---

[5] A l'âge de trente-sept ans / Elle réalisa qu'elle n'avait jamais traversé Paris / Au volant d'une voiture de sport / Le vent chaud dans ses cheveux / Elle laissa alors sonner le téléphone / Et elle s'assit là, chantant doucement

offraient une promenade tardive à leur compagnon canin sous la lumière blafarde des réverbères, le col de leur manteau relevé jusqu'au menton.

Les deux amies auraient souhaité un dîner de fruits de mer. Elles durent se contenter de *fish and chips* luisants de graisse, servis, selon la tradition, dans un papier journal replié en cornet. Elles emportèrent leur repas dans le seul pub encore ouvert et commandèrent des bières. Leurs visages ne se départaient pas de ce sourire béat qui s'y était affiché depuis qu'elles avaient quitté Londres au volant de la Jaguar. Leurs doigts maculés du gras du poisson frit s'emmêlèrent alors que la nourriture refroidissait. Elles n'avaient pas vraiment faim. Elles picorèrent quelques frites, puis repoussèrent vite les cornets, laissant la friture auréoler le papier. Elles burent leurs bières, heureuses et détendues. Tam avait noué un foulard dans ses cheveux que le vent maritime avait bouclés.

— Tu es ma Thelma, comme ça, s'amusa Émilie.

— Ne t'en fais pas, je ne vais pas me taper un gars crapuleux et nous embarquer dans une mouise noire.

— Tu n'as pas intérêt à partir avec un gars cette nuit.

— Non, pas ce soir…

La soirée, la nuit étaient à elles. Depuis la sono du bar, Johnny Cash assurait que les nuages faisaient partie du passé. Et il semblait bien que ce fut vrai.

"I can see clearly now, the rain is gone,
I can see all obstacles in my way
Gone are the dark clouds that had me blind
It's gonna be a bright (bright), bright (bright)

*Sun-Shiny day.
I think I can make it now, the pain is gone
All of the bad feelings have disappeared
Here is the rainbow I've been praying for
It's gonna be a bright (bright), bright (bright)
Sun-Shiny day*[6]*."*

---

[6] Je peux voir clairement désormais que la pluie a cessé / Je peux voir les obstacles que j'ai traversés / Les nuages noirs qui obstruaient ma vue se sont dissipés / Ça va être une journée claire (claire) / et ensoleillée / Je pense que je peux désormais y arriver, la douleur est partie / Tous les sentiments sombres ont disparu / Voici l'arc en ciel que j'ai appelé de mes prières / Ça va être une journée claire (claire) / et ensoleillée

Bleue comme toi

X

"No more lonely nights (never be another) / You're my guiding light / Day or night I'm always there."
Finies les nuits solitaires (qu'il n'y en ait plus jamais) / Tu es l'étoile qui me guide / Jour et nuit je suis toujours là

Paul McCartney– *No more lonely nights* (Give My Regards to Broad Street– 1984)

*****

Juin 1993. A Londres, les contrats et les casting s'enchaînaient à un rythme effréné. Les deux jeunes femmes étaient prises dans un tourbillon de travail entre défilés, photos et projets qui ne leur laissait guère de temps pour les loisirs. Néanmoins, elles avaient eu par trois fois l'occasion de s'enfuir de la ville pour un road trip sur deux jours, au volant de leur *Jag*. À chaque fois, le dépaysement fut total. Émilie voyait dans les yeux de Tam un bonheur qu'elle n'avait jamais perçu lorsqu'elles vivaient à Paris. Ainsi, elle s'inquiétait un peu du moment où, inexorablement, il leur faudrait rentrer. Aucune date n'avait encore été fixée, mais les deux jeunes femmes savaient que ce serait dans le courant de l'été. Les rares fois qu'elles avaient abordé le sujet, le visage de Tam s'était fermé dans un rictus presque douloureux et Émilie avait changé de sujet de conversation. Il serait bien temps d'aborder cela le moment venu.

Un matin, en arrivant à l'Agence, Émilie croisa une assistante qui lui remit un bouquet de fleurs accompagné d'une petite carte. Surprise, elle se pencha sur les quelques mots griffonnés sur le carton.

"*J'ai appris que tu étais à Londres. Je suis rentré de tournée.*

« *'Cause I know what I feel to be right. No more lonely nights (never be another). You're my guiding light. Day or night I'm always there.*

S'il te plait, viens. »

S'en suivaient un prénom « *Craig* », une adresse et un numéro de téléphone.

Émilie sut immédiatement. Le bassiste. Cette chanson qu'ils avaient interprétée à la fin du concert de Paul McCartney, pour le premier rappel, cette chanson qui la transportait, la faisait chavirer. Elle le lui avait confié, lors de leur unique nuit à Paris. Elle ne mit qu'une seconde à se décider. Elle avait envie de le revoir, de s'oublier dans ses bras, contre son corps.

Le soir même, elle était chez lui. Il était là, comme dans ses souvenirs. Ils ne s'encombrèrent pas de paroles inutiles, ils n'explorèrent pas les mois passés, chacun de son côté. Simplement, il l'embrassa sur la joue, lui glissa à l'oreille un « *Tu es venue...* » plein de promesses. Il prit sa main, l'entraîna vers le living room sobrement meublé, l'invita à s'installer dans le canapé de tissus anthracite à l'assise profonde et confortable. Il lui proposa un verre de vin blanc bien frais qu'elle accepta. Ils ne burent que quelques gorgées, en silence, le regard brûlant plus explicite qu'aucun mot ne saurait l'être. Il lui retira le verre des mains, le posa sur la table basse. Plongeant son regard dans le sien, il approcha son visage. Bientôt, leurs lèvres se joignirent dans un baiser profond, rempli de cette envie dévorante. Rapidement, elle se retrouva assise sur lui. De ses mains, lentement, il remonta la jupe que les jambes interminables de la belle mannequin rendaient déjà outrageusement courte. Il caressa ses cuisses, remontant doucement, sans précipitation, cultivant l'impatience et le désir de la jeune femme. Les baisers, les gestes se firent plus pressants. Émilie s'abandonna dans les bras du jeune homme. Elle se laissa couler entre les doigts experts, se lova contre la peau douce de son torse. La nuit était encore jeune…

*****

Les rayons du pâle soleil de Londres se frayaient un chemin entre les valises vides entassées dans l'entrée du *loft*. Assise sur l'appui de fenêtre, en short en jean et tee-shirt blanc, ses pieds nus remontés contre son menton, Tam fumait une cigarette qui n'en était pas une, le regard dans le vague, dirigé vers la rue mais sans vraiment la voir. Émilie, vêtue d'une robe bleu marine, très courte et sans manches, chaussée de ses perpétuelles *Converse,* pénétra comme un ouragan dans l'appartement. Elle envoya valser ses chaussures dans un coin de la pièce, lança un « *Salut, ma chérie !* » et disparut se rafraîchir dans la salle de bains. En cette fin juillet, il régnait à Londres une chaleur étouffante qu'aucun souffle de vent ne venait atténuer.

Elle reparut bientôt vêtue, comme son amie, d'un short coupé dans un vieux jean et d'un tee-shirt. Investiguant le réfrigérateur à la recherche d'un soda frais, elle en proposa aussi à son amie qui répondit d'un hochement de tête.

Soudain interpelée, Émilie posa les deux verres sur la table et s'approcha de Tam. S'agenouillant près d'elle, elle prit ses mains dans les siennes.

— C'est la perspective du départ, c'est ça ?

— Ce sont toutes ces valises. C'est au-dessus de mes forces.

— Il n'y a pas tant que cela. Ça va aller. Je m'en occupe, si tu veux.

— Ce ne sont pas que les valises. C'est... l'après. Ce qui nous attend ensuite, tu vois ? À Paris.

— Je sais. Mais rappelle-toi, nous n'avons prévenu personne de notre retour. Donc nous allons reprendre le boulot, tranquille, et pour le reste, nous ne verrons personne. Ce sera juste toi et moi, comme ici. Tout ira bien.

— J'aimerais te croire... Mais à Paris, on va forcément croiser des connaissances et tout va me rattraper, mes parents, leurs fameux 'amis', toute cette *merde*.

— Non. Pas question. Ce sera toi, moi et le boulot. Et quand on ne bossera pas, on se fera des virées en *Jag*, comme ici. Tu ne t'apercevras même pas qu'on est rentrées.

Plongeant son regard dans les prunelles bleues de son amie, Émilie constata à quel point elle doutait. Alors, elle ajouta.

— Viens habiter chez moi, si tu veux, et ce sera exactement comme ici.

Tam ne dit rien. Une larme perlait au coin de ses yeux. Elle tira longuement sur la fin du joint, manqua de se brûler les doigts. Doucement, Émilie lui retira le mégot, l'écrasa, le posa dans un cendrier. Puis elle entoura son amie de ses bras, la serra contre elle, fort.

— Tu as le droit d'être triste, tu as le droit de douter. Mais je suis là. On est ensemble. Je ne laisserai personne te faire du mal.

Des yeux de la jolie blonde, coulaient des ruisseaux de larmes silencieuses. Elle se laissa enlacer, sans bouger. Puis, progressivement, elle répondit à l'étreinte.

— Je suis tellement fatiguée de tout cela, hoqueta-t-elle.

— Je sais. Et tu as complètement le droit de craquer. Mais je suis là. Tout ira bien, j'y veillerai, assura-t-elle.

Pendant plusieurs minutes, aucune des deux femmes ne murmura mot. On aurait pu entendre les battements de leurs cœurs, d'abord affolés et désordonnés, puis, progressivement, plus lents, plus posés. Finalement, Tam murmura.

— Merci Emy.

— Mais de quoi, ma chérie ?

— Merci d'être là, merci de m'aimer, merci d'être mon amie.

— Je serai toujours là pour toi, promit Émilie, toujours.

*****

Les derniers jours de juillet marquèrent le départ des deux jeunes femmes de la capitale anglaise. La *Jag* remplie à ras-bord, elles avaient confié leur surplus de valises à un transporteur affrété par l'Agence qui, comme toujours, gérait efficacement la logistique de leurs déplacements. Émilie effectuait un ultime tour du loft en quête de ce qu'elles auraient oublié. Elle ne trouva plus rien.

Assise sur l'appui de fenêtre, les pieds remontés sur le rebord, le menton appuyé sur les genoux, Tam regardait la rue en contrebas, pensive. Régulièrement, elle prenait une bouffée du pétard qu'elle tenait entre ses doigts et soufflait lentement la fumée bleutée. Émilie s'approcha d'elle, doucement. Elle repoussa une mèche de cheveux blonds qui tombait devant ses yeux, essuya une larme solitaire sur la joue, fit glisser son doigt le long du cou, de l'épaule, du bras avant de récupérer la cigarette. Elle tira dessus à son tour, légèrement, pas trop. Bientôt, elle prendrait le volant de la *Jag*, elle le savait. Il fallait se mettre en route.

— Tam, on y va ? proposa-t-elle d'une voix douce.

La jeune femme ne répondit pas. Elle ne parvenait simplement pas à trouver la force de se lever, marcher, sortir de la pièce, monter dans la voiture.

— Viens. Ça va aller, l'encouragea Émilie.

Une femme entre deux âges, en tailleur strict, aux lunettes cerclées d'écaille, attendait dans l'encadrement de la porte d'entrée pour récupérer les clés. Émilie prit la main de Tam dans la sienne, la tira doucement vers elle. Docile, la jeune femme se leva et, telle un automate, suivit son amie jusqu'à l'auto.

Elles roulèrent jusqu'à Douvres sans échanger un mot. Une cassette du groupe *The Police* qui tournait en boucle dans l'autoradio se chargeait de la conversation.

> « *Every breath you take and every move you make*
> *Every bond you break, every step you take,*
> *I'll be watching you* »

Le vent rendait la mer houleuse. Elles restèrent sur le pont à fixer la ligne d'horizon pendant tout le temps que dura la traversée jusqu'à Calais. Au moment de sortir du ferry, la Jaguar toussota quelques fois avant de, finalement, accepter de démarrer. Émilie fronça les sourcils, perplexe. Finalement, elles quittèrent le ventre du bateau et reprirent la route.

Soucieuse d'alléger un peu l'ambiance dans l'habitacle, la jeune femme glissa dans le lecteur une cassette des *4 non blondes*. Bientôt, les accords de *What's up ?* remplirent l'espace. Reprenant machinalement le refrain, elle laissa un peu la tension s'envoler de ses épaules. Jetant un coup d'œil à Tam, elle constata avec soulagement que celle-ci oscillait la tête au rythme de la musique, bougeait les lèvres avec le refrain.

> « *And I say hey hey hey / I say hey hey hey / What's going on ?* »

Tout irait bien, tâchait-elle de se convaincre. Elles allaient retrouver leur vie parisienne, le quartier Saint Germain des Prés qu'elles aimaient toutes les deux, les discothèques, la vie nocturne.

— Ça va être bien de renouer avec nos petits déj' aux *Deux Magots* ou au *Flore*, non ? lança-t-elle.

Tam lui adressa un sourire avant de consentir.

— Oui, tu as raison. Vivement un vrai café à la terrasse des Deux Magots.

Bien sûr, Émilie aussi ressentait un pincement au cœur d'avoir quitté Londres. Pour des raisons différentes, néanmoins. Elle se remémora le sourire et les yeux clairs de *son* bassiste, ce regard avec lequel il la dévorait comme si elle était ce qui se faisait de plus attirant sur cette terre. Elle revit ses doigts sur ses hanches et sa peau frémit instinctivement. Comme à son habitude, elle l'avait quitté sans une promesse, sans une indication d'un prochain rendez-vous. Étant lui aussi par monts et par vaux avec son groupe, il n'avait pas cherché à la retenir. Sans doute avait-il perçu que le meilleur moyen d'apprivoiser cette gazelle était de la laisser libre, de ne pas lui proposer d'attache. Étrangement, la jeune femme sentit la morsure du manque, l'envie d'être près de lui, encore une fois. Se serait-elle attachée à ce jeune homme aussi séduisant que mystérieux, elle qui jamais ne donnait son cœur à un homme ? Aussi loin qu'elle se souvint, elle n'avait jamais ressenti de réel *crush* pour un homme. Une attirance physique, un peu animale, oui, souvent. Mais des sentiments forts et un manque de l'autre, elle n'en avait pas souvenir. Elle laissa échapper un long soupir.

— Tu veux que je conduise un peu ? proposa Tam.

Émilie se rappela le joint, plutôt chargé, qu'elle avait fumé avant de partir. Elle hocha la tête négativement.

— Non, ça va. Par contre, on pourrait s'arrêter pour déjeuner, qu'en dis-tu ?

— Je ne sais pas. Tu as faim ? Moi, pas trop.

— Moi si, je pourrais dévorer une vache si j'en croisais une. Et il faut que tu manges un peu.

Quinze kilomètres plus loin, elles avisèrent une petite auberge dont le jardin bien entretenu et les vieilles pierres les attirèrent immédiatement. Elles garèrent la voiture dans la cour pavée et s'installèrent sur la terrasse ombragée. Une femme rousse, souriante et bien en chair, à l'accent prononcé, vint leur apporter les cartes et s'enquérir de ce qu'elles souhaitaient boire. Elles demandèrent de l'eau pétillante. Se plongeant dans l'étude de la carte, sommaire mais appétissante, les deux jeunes femmes commentèrent les plats qui leur faisaient envie. Émilie jeta son dévolu sur une pièce de bœuf accompagnée de frites et de salade alors que Tam choisissait une salade de crevettes roses avec de l'avocat et des tomates.

Au fur et à mesure qu'elle mangeait, Tam reprenait des couleurs et un sourire se dessinait sur son visage. La conversation se faisait légère. Elles passèrent en revue les endroits de Paris qu'elles affectionnaient, les anecdotes des moments qu'elles y avaient vécus, seules ou ensemble. Après une part de tarte aux pommes maison qu'elles partagèrent et un café doux mais corsé, elles s'accordèrent qu'il était temps de reprendre la route.

Hélas, la *Jaguar* semblait en avoir décidé autrement. Émilie eut beau tenter de démarrer, le moteur semblait ne rien vouloir entendre. Tout au plus émit-il un petit crachotement souffreteux et plaintif. Tam sortit de l'habitacle, alluma une cigarette. Émilie fit mine d'ouvrir le capot et d'observer le moteur, mais aucune anomalie évidente ne lui sauta aux yeux. C'était bien leur veine : en panne, au milieu de nulle part, dans la campagne du Nord-Pas-De-Calais.

Un homme d'une cinquantaine d'années aux airs de bon vivant et aux mains calleuses qui témoignaient d'un métier manuel, un tablier blanc maculé de sauce par-dessus ses vêtements, s'approcha d'elles suivi de près par la sympathique rousse qui les avait servies à table.

— Alors mes petites dames, on a un souci de voiture ? demanda-t-il, comme une évidence, leur offrant un sourire compatissant.

— Elle ne veut plus démarrer, expliqua Émilie.

Après quelques essais, il se gratta le menton et affirma, indiquant l'antique véhicule.

— Ce sont les bougies, je pense. Rien de grave, mais pour une demoiselle comme celle-ci, ça va pas être gâteau à trouver, dans le coin.

— Tu pourrais appeler le René. Il pourrait venir les dépanner, suggéra la femme aux boucles auburn.

Malgré l'agacement que lui procurait la situation, Émilie s'amusa de cette manie des gens du nord et de l'est d'affubler les prénoms de leurs connaissances d'un déterminant. Elle jeta un regard de connivence à Tam, alors que l'homme étudiait la suggestion.

— Ah oui, le René, bonne idée, opina-t-il. Mais je ne sais pas s'il fait les vieilles anglaises comme ça.

— Bah faut lui d'mander, déclara-t-elle, pragmatique.

Quarante minutes plus tard, un homme trapu et costaud, le crâne largement dégarni, boudiné dans une combinaison intégrale bleue tâchée de cambouis par endroits, pénétrait dans l'enceinte de la cour au volant d'une dépanneuse, bleue également et qui indiquait crânement « *René D. réparations tous véhicules* ». Après les salutations et les échanges de banalités, l'homme ausculta la voiture. Au bout de quelques minutes, il rendit un verdict peu réjouissant.

— Ce ne sont pas que les bougies. Il y a aussi un compresseur qui est foutu. Je peux vous le changer mais avec une pièce d'un autre modèle, bien sûr, pas des pièces d'origine de ce petit bijou.

— Ce serait mieux avec des pièces d'origine, non ? opina Émilie.

— Oui, bien sûr, mais ici, on ne saurait pas s'en procurer, ma jolie.

La familiarité du garagiste agaçait la jeune femme qui, cependant, n'en laissa rien paraître. Elle s'éloigna un peu, alla rejoindre Tam qui fumait au pied d'un peuplier. Les deux femmes discutèrent et ne tardèrent pas à s'accorder sur la marche à suivre.

— Vous pourriez remorquer la voiture jusqu'à Paris ? demanda Émilie.

— Oui, je peux, mais ça ne la fera pas démarrer, déclara le garagiste, presque moqueur.

— Je m'en doute. Mais nous voulons la réparer avec des pièces d'origine. Donc, on va se débrouiller.

Tam écrivit les coordonnées d'un garage qu'elles connaissaient à Paris sur un morceau de papier, le tendit à l'homme qui le prit en bougonnant. Il convint de livrer la voiture sous huitaine.

Prenant chacune une valise avec leurs effets les plus indispensables, les deux jeunes femmes se firent conduire à la gare la plus proche. De là, elles prirent un train pour la capitale.

Le soir, aussitôt arrivée chez elle, Émilie entreprit de téléphoner au seul anglais dont elle connut le goût pour les voitures anciennes. Comme les sonneries se succédaient, elle sentit comme une appréhension mêlée d'excitation.

— Craig ? Bonsoir, c'est Émilie.

— Émilie ! It's so good to hear from you, wee blossom!

Il n'y avait que lui pour l'appeler *petite fleur*, elle qui tenait davantage de la tige grimpante que du bourgeon miniature.

— Je ne te dérange pas ?

— J'étais en bonne compagnie, commença-t-il.

Émilie sentit malgré elle son cœur se serrer. Une femme serait avec lui ?

— Bon, bah je vais te laisser alors, si tu n'es pas seul...

— Mais non, je plaisantais. La seule compagnie que j'aie ce soir, c'est celle d'une bouteille de bourbon, quelques glaçons et un paquet de *crisps*. Et je suis heureux de t'entendre, sweet wee blossom.

Émilie sentit une vague de soulagement l'envahir. Elle poursuivit.

— Craig, j'ai besoin de ton aide pour trouver des pièces pour notre Jaguar.

Elle lui expliqua la situation dans les moindres détails, le diagnostic du garagiste de campagne. Le bassiste l'écouta avec attention avant de proposer.

— Je peux passer quelques coups de fil. Je trouverai sans doute les pièces.

— Oh, génial ! Merci ! s'enthousiasma-t-elle.

— Mais il faudra que vous veniez les chercher, ajouta-t-il, malicieux. Venez toutes les deux. Mon roommate me fait dire qu'il serait ravi de rencontrer Tam.

Émilie sourit. Il était vraiment adorable, craquant, même. Heureuse et soulagée, elle reposa le combiné après avoir assuré qu'elle le rappellerait le lendemain, pour savoir ce qu'il en était pour les pièces et décider d'une date pour leur prochaine visite à Londres.

Bleue comme toi

XI

"Am I only dreaming / Or is this burning an eternal flame?"
Suis-je en train de rêver / Ou bien est-ce la lumière d'une flamme éternelle ?

The Bangles– *Eternal Flame* (Everything – 1989)

*****

Juin 2019. *Triturant le portefeuille posé sur la table devant elle, elle suivait machinalement du regard la serveuse qui bientôt, posait devant nous deux verres de vin blanc doré et un ramequin d'olives noires.*

— Qu'est-ce qu'on a pu en faire, des allers-retours en Angleterre, pour cette fichue voiture. Elle avait toujours un truc qui n'allait pas, un cliquetis inquiétant, une panne. Le fric qu'on a pu engloutir dedans... Mais on l'adorait, admit-elle. Autant Tam que moi, on était raides dingues de cette Jaguar. C'était un peu notre bébé. On la choyait. Et puis, on aimait tellement y retourner, à Londres...

Elle laissa sa phrase en suspens, comme perdue dans ses pensées qui la ramenaient du côté de la Tamise. La musique provenant de l'intérieur du bar jouait les accords d'une chanson des Bangles dont je me souvenais avoir passé en boucle le 45-tours, à l'époque... Un de ces tubes de l'été qui invitent si bien au rapprochement des corps et dont on ne peut s'empêcher de fredonner l'air, sans même y penser. Les paroles mêlaient l'éphémère et l'éternel dans une valse lente, langoureuse.

Bleue comme toi

« Say my name
Sun shines through the rain
A whole life so lonely
And then come and ease the pain
I don't want to lose this feeling[7], oh »

Je bus une gorgée de vin, laissai mon regard glisser sur ses doigts qui tripotaient toujours le cuir du portefeuille, inlassablement. Laissant planer le silence, j'observais les passants dans la rue baignée de soleil, les couples enlacés, les enfants surexcités qu'une mère lassée houspillait, les hommes d'affaire pressés qui desserraient la cravate qui les avait étranglés toute la journée.

Je reportai mon regard sur elle, son visage doux, mélancolique, ses yeux verts, brillants. Comme toujours, dans nos soirées, il y avait ce moment où nous n'étions plus vraiment seules, toutes les deux. Une ombre était là, entre nous, qui laissait glisser ses doigts invisibles, aussi doux qu'une plume, sur la joue de mon amie, et la rendait triste.

Nous bûmes, nous refîmes le monde. Nous construisîmes des projets de vacances, la Toscane, ses ados, les miens, une piscine bordée d'oliviers, des apéros jusque tard dans la nuit, des bains de minuit, la dolce vita. Je souris. Elle se noyait dans mon sourire, s'en enveloppait comme d'un châle soyeux.

— Aujourd'hui je veux vivre, déclara-t-elle. Pas simplement exister, pas tourner en rond comme un hamster

---

[7] Prononce mon nom / Le soleil brille à travers la pluie / Toute ma vie si solitaire / Alors viens et soulage ma peine / Je ne veux plus que ces sensations me quittent, oh

dans sa roue. Je veux vivre. *La vie est courte et il faut saisir les petits bonheurs tant que c'est encore possible.*

Je songeais à cette affirmation, ce cri d'une délivrance douloureuse. Quelle proportion de notre existence passions-nous à vivre réellement ? Quelle portion infime de notre temps allouions-nous à prendre le temps de savourer ces fameux petits bonheurs ?

Nous bûmes un verre, puis deux, puis trois. Nous commandâmes une planche à partager, des légumes marinés, des fromages doux et corsés, des mini brochettes de crevettes. Nous bûmes encore, je crois, un verre de plus. Ou deux. La lune était haute dans le ciel. Je ratai le dernier train, elle aussi. J'appelai Gabriel, un ami qui vivait non loin de là. Il décrocha à la sixième sonnerie. Je lui annonçai, de but en blanc.

— Je suis avec une amie, ma meilleure amie, précisai-je. Nous avons raté le dernier train.

— Demande-lui s'il veut venir en boîte, suggéra soudain Émilie.

C'était un peu fou. Depuis combien de temps n'avais-je pas mis les pieds dans une discothèque ? Cela se comptait facilement en décennies. Pourtant, ce soir-là, cela paraissait comme la chose parfaite à entreprendre.

— Tu ne voudrais pas aller danser ? proposai-je à mon interlocuteur au téléphone.

Je crois qu'il commença par émettre un son proche du ronchonnement de l'ours qu'on réveille au cœur de son hibernation. Compte tenu de l'heure, je n'aurais pas pu lui en vouloir. Puis, finalement, il se laissa convaincre.

— Crois-moi, Lucy, on n'a qu'une seule vie, affirma Émilie. Il faut la vivre, tant qu'elle est là.

C'est ainsi qu'on se retrouva tous les trois dans une boîte bondée de corps anonymes. Nous dansâmes comme si notre vie en dépendait, épousant les rythmes, les accords de musique, les intonations de voix qui parlaient d'amour, de vie, de mort. Comme souvent, Émilie attirait les regards masculins. Les convoitises qu'elle suscitait immanquablement devenaient une source intarissable d'amusement. Des mains s'enhardissaient. Je m'interposai, une fois, deux fois. Petite mais déterminée, impressionnais-je ou bien surprenais-je ? Je n'aurais su le dire. L'alcool me rendait tellement sûre de moi, de mon corps, que je le bougeais en rythme comme s'il eut flotté sans toucher le sol. Les hommes restèrent finalement à distance raisonnable.

Émilie but encore. Gabriel l'accompagnait. Pour ma part, je ne touchai pas au verre qu'ils m'avaient servi, consciente que ce serait le verre de trop, celui qui vous retournerait les boyaux, qui enfermerait la tête dans un étau, qui remonterait avec un goût âcre de bile. Alors, Émilie s'en saisit, le vida d'un trait. Et bientôt, elle vacilla.

— Ça ne va pas, articula-t-elle. Pas du tout.

— Tu as besoin d'air, affirmai-je. Viens, on sort.

Je l'entraînai à l'extérieur, elle s'appuya contre un rebord de fenêtre bas, tint sa tête entre ses mains.

— Merci d'être là, ma chérie, me dit-elle.

— Toujours, lui assurai-je. Nous sommes amies et je serai toujours là.

— *Quand tu danses, tu es tellement belle… Tu m'attires, tellement*, murmura-t-elle.

Je ne répondis pas. Je n'aurais pas su répondre à ce type de déclaration. Je me doutai qu'elles étaient dues à un mélange de fatigue, de mélancolie, d'alcool, de souvenirs flous d'une femme aux cheveux blonds et à la silhouette gracile, de rythmes et de chansons issus du passé. Je renonçai à étudier, cette nuit, les différentes nuances qui mêlent la tendresse et l'amitié. Je me contentai de poser ma main sur la sienne. Je laissai l'ombre de la belle blonde s'insinuer à travers les paupières closes d'Émilie, être près d'elle, encore un peu, dans ce brouillard éthylisé. Je ne la quittai pas jusqu'à l'arrivée du taxi que Gabriel avait appelé pour nous.

Bleue comme toi

XII

"Now here I go again / I see the crystal visions / I keep my visions to myself / It's only me who wants to wrap around your dreams / And have you any dreams you'd like to sell? Dreams of loneliness"
Et me revoilà / J'ai clairement ces visions / Je garde ces visions pour moi / Il n'y a que moi pour vouloir t'envelopper dans mes rêves / Et as-tu des rêves à me vendre, toi ? Ce sont des rêves de solitude

Fleetwood Mac– *Dreams* (Rumours – 1977)

*****

Septembre 1993. Fallait-il croire que cette voiture avait décidé que les deux jeunes femmes retourneraient souvent à Londres ? Si les objets inanimés avaient une âme, sans doute, celle de la *Jaguar* serait déterminée et volontaire. Comme un métronome, elle tombait en panne à fréquence régulière, obligeant les deux amies à mener une course aux pièces d'origine qui occupait une grande partie de leur temps libre. Radiateur, carburateur, j'en passe et des meilleurs.

Émilie se plaignait des défaillances moteur, pour la forme, mais en réalité, elle était heureuse de passer une partie de ses week-ends à Londres. Le plus souvent, Craig les accueillait chez lui. Son colocataire, Gordon, était journaliste grand reporter et de ce fait, il était rarement présent. Les quelques fois où il était là, il appréciait beaucoup les deux jeunes femmes et avait même un petit faible pour Tam. Cette dernière le trouvait gentil, séduisant et intéressant, ce qui ne gâchait rien.

Émilie goûtait à ces moments de douceur, de rire et de complicité, avec cet homme qui avait su la séduire, et son amie qui semblait renaître à chaque voyage outre-Manche. Autant la jolie blonde paraissait se fermer comme une huître lorsqu'elles étaient à Paris, se contentant d'afficher le masque de circonstance pour mettre en valeur son charmant minois et enchaîner défilés et castings, autant chaque voyage en Angleterre faisait fleurir un doux sourire de plénitude sur son visage. Ainsi, Émilie était presque reconnaissante à leur auto pour la suite quasi-ininterrompue de pannes et de caprices techniques qu'elle leur faisait subir.

Un samedi soir de septembre particulièrement doux pour la saison qu'ils étaient tous quatre installés à la terrasse d'un *pub*, une bière à la main, discutant de tout et de rien, Gordon passa son bras autour des épaules de Tam et remarqua.

— Tu as chaud. Ton dos est brûlant. Tu ne voudrais pas retirer ta veste ?

— Non.

Le ton sec de Tam trancha avec la bonne ambiance qui avait régné jusque-là. Elle repoussa le bras du jeune homme avec agacement. Émilie lui lança un regard interrogateur alors que Gordon interrogeait.

— Mais qu'est-ce qu'il t'arrive ?

— Rien. Mais je n'ai pas envie que tu m'approches. Pas ce soir.

— OK... Pas la peine de s'énerver.

— Je ne suis pas énervée. Juste un peu fatiguée.

Et ce fut tout. Le reste de la soirée passa sans heurt. Simplement, Tam resta éloignée de Gordon et parla peu, comme perdue dans ses pensées. Le jeune homme essaya bien de questionner Émilie, une fois qu'ils furent tous les quatre rentrés à l'appartement. Émilie haussa les épaules dans un signe d'incompréhension et lui conseilla de laisser simplement un peu d'espace à son amie ce soir. D'ailleurs, Tam avait déjà récupéré un oreiller et une couverture et s'apprêtait à dormir sur le canapé. Gordon, bien que déçu, n'insista pas.

*****

La fois suivante, quand un mécanisme de balai d'essuie-glace décida de ne plus fonctionner, Émilie proposa un nouveau week-end à Londres. Tam s'emporta.

— Mais merde, j'en peux plus de ce tacot. J'en peux plus de ces allers-retours débiles !

Émilie, interpelée par la rudesse de ses propos et la soudaineté de cette explosion, demanda.

— Quelque chose ne va pas ? Je pensais que tu aimais bien nos petites expéditions.

— Au début oui, pendant un temps, c'était marrant. Mais là, j'en ai plus que ma claque. On bosse comme des tarées en ce moment, tous les jours, jusqu'à pas d'heure. Et le week-end, on doit encore se farcir l'avion ou le ferry, puis passer des soirées avec les deux autres, là. Je n'en peux plus. Je suis fatiguée de tout ça.

— Je comprends, accepta Émilie.

Ce faisant, elle observa le visage de son amie et constata qu'effectivement, celle-ci avait les traits tirés, les pupilles légèrement dilatées, de gros cernes violacés sous les yeux et les orbites creusées de lassitude. Sa bouche se plissait dans un rictus presque douloureux. Bien entendu, le maquillage qu'elle portait chaque jour, en couche épaisse, dissimulait ces imperfections. Mais en y faisant attention, on voyait bien que la jeune femme n'était pas dans son assiette. Elle eut un geste d'humeur, avant de poursuivre.

— Écoute, si cela ne t'ennuie pas, vas-y seule ce week-end. Je vais rentrer à mon appart, y faire un coup de rangement et me reposer.

— Comme tu veux, accepta la jolie brune. Tu peux aussi rester ici, si tu veux. Tu n'as pas besoin de retourner chez toi.

— Non, non. Je vais aller dans mon appart. Ça fait longtemps que je n'y ai pas mis les pieds. Ça me fera du bien. Et puis, j'ai des affaires à récupérer.

Émilie n'insista pas. Comme toujours entre les deux femmes, chacune laissait l'autre faire à sa guise sans chercher à lui imposer quoi que ce fut.

*****

La jeune femme se rendit seule en Angleterre. La joie de revoir Craig fut largement ternie par l'inquiétude sourde qu'elle ressentait pour son amie. D'autant plus que le jeune homme ne comprenait pas qu'elle se tracassât à ce point.

— Tu n'es pas vraiment avec moi, là, *Sweety Pie*, commença-t-il.

— Si, je suis là. Mais j'ai le droit de me faire du souci, non ?

— Tam est une grande fille. Elle est juste fatiguée. Aucune raison de t'en faire.

— Qu'est-ce que tu en sais, toi ? Tu penses la connaître parce que tu l'as vue, allez, maxi une dizaine de fois ?

— Oh ça va, hein. Pas besoin de m'agresser. Mais qu'est-ce que vous avez toutes les deux ?

— Tu ne comprends rien.

— Je comprends que tu es ici, en week-end avec moi, et que ton esprit est avec Tam. Alors pardon si ça m'énerve mais oui, c'est agaçant.

— En fait, dans ta vie, il n'y a que toi qui comptes, c'est ça ?

— Non, *Sweety Pie*, se radoucit-il un instant. Il y a toi aussi. Et là je voudrais qu'on soit tous les deux. J'ai l'impression que Tam compte plus pour toi que moi.

Émilie réfléchit un instant avant d'admettre.

— C'est le cas.

— Comment ça ?

— Bah oui, c'est le cas. Tam compte davantage dans ma vie. Je la connais depuis plus longtemps, on a partagé énormément de choses toutes les deux, des bons moments mais aussi beaucoup de coups durs. Alors oui, elle compte, immensément.

— Alors ça, c'est la meilleure !

— Et si ça ne te convient pas, poursuivit Émilie, qui sentait monter une fureur sourde doublée d'une immense déception, on peut bien en rester là, toi et moi.

— Mais tu es complètement folle ! s'emporta le jeune homme, rouge de colère.

Émilie n'ajouta rien. Elle rassembla ses affaires, lassa ses *Converse*, sortit de l'appartement. Elle s'offrit néanmoins le luxe de claquer la porte, de toute la force de son dégout. Une fois dans la rue, elle s'engouffra dans un taxi, indiqua au chauffeur pakistanais l'adresse d'un hôtel. L'imposant véhicule noir s'éloigna dans la nuit londonienne.

La jeune femme ne s'attarda pas outre-Manche. Le lendemain matin, elle s'empressa de récupérer les pièces de son automobile dans le garage qui les lui avait procurées puis échangea son billet de retour pour repartir en France dès le dimanche midi.

*****

Retrouver son appartement vide procura une étrange sensation à Émilie, un peu comme si ce n'était pas réellement chez elle ou bien qu'il manquât quelque chose d'indispensable à ce lieu. Elle posa son sac de voyage dans l'entrée, jeta les clés dans le vide-poches sur le guéridon, retira ses *Converse* et s'allongea sur le canapé. Elle se sentait soudain très lasse, comme dépourvue de toute énergie.

Elle étendit le bras, vérifia les messages sur le répondeur. Il n'y en avait aucun. Elle avait espéré un signe de vie de Tam. L'absence provoquait chez elle comme un grand vide, doublé d'une appréhension qu'elle n'aurait pas su expliquer. Elle ferma les yeux un instant. L'image de Tam apparut derrière ses paupières closes. D'abord souriante, la couvant de son regard doux et tendre, la vision se déforma ensuite en une expression de douleur, de peine, d'angoisse. La jeune femme ouvrit les yeux brusquement. Le souffle court, elle essaya de chasser l'image oppressante qui l'avait envahie et semblait tourner à l'obsession. Fébrile, elle attrapa le combiné du téléphone, composa le numéro de l'appartement de Tam. A la première tonalité, elle retint son souffle. Deux, trois, six, puis dix sonneries se succédèrent sans que personne ne prît l'appel. Émilie raccrocha puis immédiatement, se ravisa et composa à nouveau le numéro. Au bout d'une vingtaine de sonneries, une voix endormie lui répondit.

— Oui ?

— Tam ? Allô ! Tam !

— Oui, qu'est-ce qu'il se passe ?

— Tu… tu vas bien ?

— Oui, oui ça va. Je suis fatiguée. Je dormais.

— Ah…

— Tu es rentrée ?

— Oui, il y a quelques minutes.

— Tu as trouvé les pièces pour la *Jag* ?

— Oui, sans problème. Mais Tam, tu es sûre que tout va bien ? Ta voix est bizarre.

— Oui, oui, ça va. J'étais simplement en train de me reposer.

— Bon...

— Je suis fatiguée, mais je vais prendre un petit truc et ça va aller.

— Je peux passer ? proposa Émilie, impatiente de se rendre compte par elle-même de l'état de son amie.

— Heu... Ok, si tu veux. Dans combien de temps ?

— Le temps de me changer et j'arrive.

— Ok.

Tam raccrocha. Émilie bondit sur ses pieds, attrapa un jean et un tee-shirt propres, fila dans la salle de bains se rafraichir de la fatigue du voyage. Dix minutes plus tard, elle remontait le boulevard Saint Germain au pas de gymnastique. Bientôt, elle sonnait chez Tam. Cette dernière lui ouvrit presque immédiatement et lui sauta au cou.

— Tu m'as manqué, susurra-t-elle dans l'oreille de l'arrivante.

— Toi aussi. Beaucoup. Tu as pu te reposer ?

La jolie blonde desserra son étreinte. Émilie l'observa longuement. Elle fixa la peau pâle, presque bleutée en contraste avec les joues rosies d'émotion, les cernes indigo qui marquaient les yeux. Le visage tout entier dénotait avec la réponse enjouée.

— Oui. J'ai dormi, j'ai bouquiné, je vais bien.

— Tant mieux.

— On peut même sortir danser si tu veux. J'ai envie de bouger, de musique, de folie aussi.

— Tu me prépares un café d'abord ?

Alors que son amie s'éloignait en direction du coin cuisine, Émilie la suivit du regard, essayant de comprendre le brusque revirement de la jeune femme qui, moins d'une heure auparavant, semblait si éteinte au téléphone et qui soudain, débordait d'enthousiasme. Avançant dans le salon, elle s'assit sur le canapé. Sur la table basse, traînaient deux rectangles de carton, des cartes de visite, ainsi qu'un couteau en inox et une paille coupée en deux. Elle fronça les sourcils, demanda à son amie qui s'affairait autour de la machine à café dans un joyeux vacarme de tasses et de soucoupes.

— Tu as pris quelque chose ?

— Un p'tit truc pour avoir la pêche. Tu en veux ? Le sachet est planqué sous le coussin près de l'accoudoir gauche.

Émilie glissa sa main à l'endroit indiqué. Rapidement, elle trouva le petit sachet hermétique contenant quelques grammes de poudre blanche. Cocaïne.

— Pourquoi pas, décida-t-elle. Puisqu'ensuite on va danser toute la nuit…

Avec la pointe du couteau, elle sortit un peu de poudre du sachet qu'elle posa sur l'une des cartes. Avec l'autre carte, elle forma une ligne de poudre droite et régulière puis l'inhala rapidement. Aussitôt, elle ressentit les picotements caractéristiques. Elle attendit que la substance fasse effet. Déjà, Tam revenait avec le café.

— On va se passer une soirée d'enfer, ma chérie, assura la jolie blonde, avant de se blottir contre son amie.

*****

La Locomotive était pleine d'âmes solitaires ce soir-là, des hommes en quête d'affection furtive, des jeunes femmes séduites par la gratuité de l'entrée qui leur était consentie le dimanche seulement. Des corps fiévreux ou langoureux ondulaient au rythme de la musique, toute imperfection dissimulée par l'obscurité, les jeux de lumière et le nuage de fumée de cigarette. Les deux jeunes femmes avaient immédiatement rejoint la salle où le DJ passait des airs de disco des années soixante-dix et quatre-vingts. Depuis plus de trois heures, elles se trémoussaient sans ressentir la moindre fatigue. Parfois, elles s'interrompaient lorsqu'un morceau ne les inspirait pas, elles se rendaient au bar, commandaient un gin tonic, le buvaient par petites gorgées tout en fumant une cigarette avant de retourner sur la piste. Depuis une vingtaine de minutes, des airs de *soft music* s'enchaînaient. La voix profonde de *Fleetwood Mac* les faisait vibrer.

« *Thunder only happens when it's rainin'*

Players only love you when they're playin'
Say women, they will come and they will go
When the rain washes you clean, you'll know
You'll know
Now here I go again
I see the crystal visions
I keep my visions to myself
It's only me who wants to wrap around your dreams
And have you any dreams you'd like to sell?
Dreams of loneliness »

Ignorant la foule autour d'elles, les regards fiévreux et concupiscents des hommes, sans égard pour l'heure tardive et le fait que le lendemain, un important casting les attendaient, elles dansèrent, dansèrent, seules au monde, jusqu'au lever du soleil.

Bleue comme toi

XIII

"Ton regard est sombre comme un ciel d'hiver, vert / Ton regard est fou lorsque l'univers, vert, flamboie (...) Le monde est bleu comme toi "
Étienne Daho– *Bleu comme toi* (Pour nos vies martiennes – 1988)

*****

Avril 1994. Pieds nus, le bas du jean retroussé, le corps emmitouflé dans un sweat-shirt à capuche immense, Émilie marcha dans le sable jusqu'à l'eau. Elle fit un pas, puis deux dans l'eau glacé, avant de se mettre à sautiller pour tenter de se réchauffer. Un peu en retrait, Tam dessinait des courbes sur le sable de la pointe de ses orteils, appréciant le contact des grains rugueux sous sa peau.

— Viens, elle est bonne ! assura Émilie à son amie.

— Comme si j'allais te croire une seule seconde ! pouffa celle-ci. Tes lèvres deviennent bleues, tu es frigorifiée.

— Mais non !

Émilie continuait de danser d'un pied sur l'autre, sur la pointe des pieds, essayant d'entraîner ses longues jambes dans des mouvements légers pour éviter de s'éclabousser. En vain, déjà, une partie de son jean était trempé. Qu'importe, elle continuait ses mouvements désordonnés, condition nécessaire pour ne pas voir ses orteils geler dans l'eau froide de la Manche. Tam lui sourit, les joues rosies par la brise fraîche.

— Tu es quand même bien cinglée...

— C'est pour cela que tu m'aimes.

— Pas faux, admit la jolie blonde dont les boucles voletaient autour du visage.

Émilie ressortit de l'eau. Elle essora comme elle put le bas de son jean en tordant la toile autour de son mollet si fin. Puis elle rejoignit son amie et posa sa main encore humide d'eau de mer sur sa joue.

— Whouah ! Elle est vraiment froide !

— Carrément.

— Viens, je te réchauffe, fit Tam en prenant les mains de son amie dans les siennes.

— On est bien ici, non ?

— Oui...

— On a bien fait de venir.

Tam ne répondit pas et demeura pensive. Quatre jours auparavant, à Paris, elle ne s'était pas présentée à un casting. Interpelée, Émilie avait essayé de la joindre au téléphone et, comme personne ne répondait, elle s'était rendue dans l'appartement de son amie. Elle avait sonné mais personne n'était venu lui ouvrir. Alors, une appréhension sourde lui serrant les entrailles, elle avait utilisé son double des clés pour entrer. Le logement était plongé dans l'obscurité, silencieux, si ce n'était pour un léger gémissement venant de la chambre. La jeune femme s'était précipitée vers l'origine du bruit. Arrivant dans la pièce aux volets fermés, elle avait tendu l'oreille, retenant son souffle. Aucun bruissement ne lui parvenait plus. Elle avait laissé quelques secondes ses yeux s'habituer à la pénombre. Elle avait distingué une forme dans le lit, s'y était empressée, appelant le nom de son amie.

Cette dernière était là, allongée, immobile. Émilie avait approché sa main de l'interrupteur de la lampe de chevet. Alors, d'un geste brusque, Tam avait retenu son geste.

— Non, n'allume pas, avait supplié une voix rauque.

— Tam, qu'est-ce qu'il t'arrive ? avait demandé la jolie brune, angoissée.

— Rien. Ça va. C'est juste de la fatigue.

— Tu es sûre ? Tu as de la fièvre ? avait-elle interrogé en posant machinalement la paume sur le front de la jeune femme allongée.

— Non, non. Ça va aller. Je t'assure. J'ai sans doute trop fumé hier soir. Un mauvais trip. Mais ça va maintenant.

Dans l'obscurité, Émilie avait passé la main dans les cheveux de son amie. Elle avait senti les mèches emmêlées, collées de sueur, l'humidité des joues et de l'oreiller trahissant que la jeune femme avait pleuré longuement.

— Ma chérie, avait-elle murmuré, la serrant contre elle.

C'est alors qu'Émilie avait décidé d'emmener son amie quelques jours en Normandie. Au début, Tam avait protesté mais sa faiblesse aidant, elle avait fini par céder. Les deux jeunes femmes étaient arrivées un vendredi soir dans la maison de famille de la grand-mère d'Émilie. Celle-ci était convaincue qu'un week-end loin de tout, la rumeur des vagues et les cris agacés des mouettes comme toile de fond, était tout ce dont son amie avait besoin.

Force était de constater qu'elle avait certainement eu raison. Peu à peu, la jolie blonde retrouvait des couleurs. Son teint, translucide virant sur le bleu clair en quittant Paris, reprenait le rose de la vie. Un sourire, d'abord timide, s'affichait de plus en plus souvent sur ses lèvres sèches, gercées à force d'avoir été mordues. Émilie dorlotait son amie, entre promenades sur la plage, bain moussant bien chaud, soins du visage, pendant que Maminou cuisinait sa célèbre ratatouille ou des soles meunières rapportées le matin même par les pêcheurs de la côte et achetées à la criée.

Tam se laissait choyer sans discuter, savourant le contact des mains de son amie qui la rassurait. Elles s'étaient installées dans la chambre bleue qui avait été celle d'Émilie pendant toute son adolescence, à chaque fois que celle-ci fuyait l'ambiance pesante de la maison de ses parents et se réfugiait chez son aïeule. Cette dernière couvait les deux jeunes femmes de sa bienveillance, sans les questionner, ravie qu'elles apportent un peu de vie dans cette maison si silencieuse depuis la disparition du grand-père.

Le soir, au coin du feu, les trois femmes jouaient au Scrabble pendant que mijotait une délicieuse soupe de poissons. La radio grésillante diffusait des tubes du moment. Parfois, Émilie reprenait le refrain. Plus rarement, Tam l'accompagnait d'une voix douce et timide.

« *Ton regard est sombre comme un ciel d'hiver, vert*
Ton regard est fou lorsque l'univers, vert, flamboie
Ton ailleurs est bien ici, sauf erreur

*Tu te couches parfois au creux de mes bras
Et l'on oublie souvent le jour et l'heure
On se touche parfois du bout de nos doigts
Les nuits sans soleil, quel ange nous veille ?
Les nuits sans soleil, un singe nous veille, je veille
Le monde est comme toi, le monde est bleu
Comme toi...* »

Échangeant des regards complices, les deux femmes chantaient cet air aux paroles décousues. Maminou les observait, appréciant la sérénité qui se dégageait de sa petite fille, ce sentiment qu'elle avait si rarement vu chez l'enfant turbulente puis l'adolescente révoltée qu'avait été Émilie.

Le soir, dans l'intimité de la chambre bleue, Tam sortait son exemplaire relié des *Fleurs du Mal* de Baudelaire, une édition ancienne qu'elle emportait partout avec elle enveloppée dans un foulard de coton bleu. Assises en tailleur sur le lit, les deux femmes lisaient tour à tour les poèmes de cet auteur de génie.

« *Horloge* [8] *! dieu sinistre, effrayant, impassible,
Dont le doigt nous menace et nous dit : « Souviens-toi !
Les vibrantes Douleurs dans ton cœur plein d'effroi
Se planteront bientôt comme dans une cible,*

*Le plaisir vaporeux fuira vers l'horizon
Ainsi qu'une sylphide au fond de la coulisse ;
Chaque instant te dévore un morceau du délice
A chaque homme accordé pour toute sa saison. (...)* »

---

[8] Charles Baudelaire. *L'horloge*. Spleen et Idéal LXXXV. Texte de 1861.

Voyageant du *spleen* le plus sombre à l'*idéal* le plus étincelant, elles déclamaient à voix basse. Et elles fumaient, les volutes bleues envahissant bientôt la pièce et fur et à mesure que les voix se faisaient plus hésitantes et les gestes plus tendres.

Si Maminou avait soupçonné quelque chose, elle n'avait jamais rien exprimé. La vie lui avait appris qu'il fallait bien s'abstenir de juger sans savoir, qu'on connaissait rarement les méandres de l'existence des autres. Et elle en savait bien assez sur les épisodes douloureux de la courte vie de sa petite fille pour se permettre la moindre réprimande de vieux con.

Les deux amies seraient bien volontiers restées un mois entier dans la chaumière normande au bord de la plage. Néanmoins, dès le mardi soir, il leur fallut reprendre la route et rentrer sur Paris pour répondre aux convocations des prochains casting.

Les deux jeunes modèles recevaient sans arrêt de nouvelles propositions de l'Agence. Émilie retourna à Milan pour un *shooting* photo avec le grand Oliviero qui préparait la prochaine campagne *United Colors*. Son corps longiligne et son visage lisse se prêtaient parfaitement à l'ambiance de la campagne. Elle s'envola mi-mai et ne devait rentrer que dix jours plus tard. Pendant ce temps, Tam était pressentie pour une *cover* de *Cosmopolitan*, une opportunité unique qui pourrait bien la propulser au rang de *Top Model*. Elle devait pour cela franchir encore plusieurs castings de sélection et la concurrence était rude pour accéder à cet honneur tant convoité. Selon les rumeurs interceptées par leur directrice de casting, la jeune femme avait toutes les chances d'être sélectionnée.

Le dernier jour de son séjour en Italie, Émilie reçut un appel de l'Agence, qu'on lui passa sur le plateau du *shooting*.

— Émilie ? C'est Marielle, fit l'assistante de casting de sa voix suraigüe.

— Bonjour Marielle.

— Sais-tu où est Tam ?

— Bah non. Enfin si, à Paris. Elle avait un casting ce matin et…

— Oui, je sais mais elle n'est pas venue.

— Vous avez appelé chez elle ?

— Tu penses bien que oui. Aucune réponse. J'ai essayé quatre fois.

— Je lui ai parlé hier soir. Elle allait bien. On a parlé du casting et elle était motivée.

— Et depuis, tu l'as eue au téléphone ?

— Non, admit Émilie. J'ai commencé les photos très tôt ce matin, crut-elle devoir se justifier.

— Ah… Bon… Je vais essayer de rappeler chez elle. Merci Émilie. A demain matin à l'Agence.

Émilie salua machinalement et raccrocha, pensive, troublée par cet appel qui lui laissait une impression de malaise. Néanmoins, elle repoussa momentanément ses pensées sombres et se concentra sur les directives du photographe qui comptait bien achever le shooting dans la matinée.

En fin d'après-midi, l'avion de la jeune femme atterrissait à Paris. Elle pesta lorsque le taxi se trouva coincé dans les embouteillages de la sortie des bureaux. Enfin, il la déposa en bas de l'immeuble de Tam. Emportant sa valise, elle se rua dans le hall d'entrée, piétina en attendant l'ascenseur, avant de sonner et de s'impatienter devant la porte.

Sans attendre davantage, la jeune femme chercha fébrilement ses clés dans le bazar de son sac à main, déverrouilla la porte, entra. L'appartement était plongé dans la pénombre. Elle actionna tous les interrupteurs qu'elle trouva sur son chemin jusqu'à la chambre. Elle appela.

— Tam ? Tam, tu es là ? Tam, réponds-moi.

L'appartement était désert. Un fouillis de vêtements épars jonchait le lit défait. Aucune trace de Tam.

Émilie se rua en sens inverse. Traînant toujours sa valise derrière elle, elle se précipita dans la rue, monta dans un taxi pour parcourir au plus vite les neuf cents mètres qui la séparaient encore de chez elle. Elle arriva devant sa porte, en sueur et à bout de souffle, râlant contre ce bagage qui semblait aussi lourd que s'il eût contenu un défunt équidé. Elle jura lorsque le trousseau de clés lui échappa des mains pour la seconde fois, lutta contre la porte d'entrée récalcitrante, pénétra enfin dans le loft.

Là, elle vit la veste en denim de Tam sur le dossier du sofa, les *Converse* bleues sous le bar de la cuisine et elle poussa un soupir de soulagement. Elle ouvrit rapidement les rideaux pour faire entrer la lumière du jour encore présente en ce début de soirée. Elle se rua dans la chambre. Une forme longiligne au longs cheveux blonds était recroquevillée en chien de fusil dans le lit, vêtue d'un sweat-shirt en coton molletonné trop chaud pour la saison, blottie sous la couette, grelottante.

— Tam ! Tam, qu'est-ce que tu as ? Parle-moi !

Le visage qui se tourna vers elle dévoila des lèvres tuméfiées et bleuies, des yeux cernés légèrement enfoncés dans les orbites, de longues coulées de mascara sur les joues qui accentuaient l'effet irréel de l'apparition.

— Tam ! Que t'est-il arrivé ?

La jeune femme, secouée de frissons, répondit dans un souffle.

— Ça va… ça va bien. Je suis juste… fatiguée… Fatiguée…

— Mais Tam ! Tu es glacée ! hurla Émilie en touchant les mains de son amie.

— Mais non. Ça va. Un rhume ou une grippe. Ce n'est rien. Je vais dormir un peu. Ça va aller.

— Je vais appeler un médecin, fit Émilie en se relevant pour se diriger vers le téléphone.

Tam la retint.

— Non, non, s'il te plaît. Je te jure que ça va. J'ai juste pris froid.

— Mais comment ? Il fait plus de vingt-cinq degrés dehors.

— Hier soir il pleuvait quand je suis sortie du casting. Je portais juste une petite robe et ma veste en jean. Je suis rentrée trempée. J'ai chopé un rhume. C'est tout, affirma-t-elle.

Le débit rapide de sa réponse ne lui laissa pas le loisir de reprendre sa respiration et elle arriva au bout de la phrase dans un sifflement rauque.

— Je vais nous préparer un thé, proposa la jolie brune, dubitative mais qui néanmoins choisit de faire confiance à son amie. Tu veux bien une tasse de thé, n'est-ce pas ?

— Oui, s'il te plait.

La jeune femme remonta les couvertures sur les épaules de son amie toujours secouée de frissons et se dirigea vers la cuisine. Elle fit couler de l'eau dans la bouilloire et choisit méthodiquement deux sachets d'infusion. Trouvant le silence dans le loft oppressant, elle alluma la radio, branchée sur une radio locale qui diffusait des tubes des années quatre-vingts. Jane Birkin se noyait dans l'eau bleue de la piscine, simplement vêtue d'un petit pull bleu marine déchiré au coude.

« Noyée au fond de la piscine
Personne ne te voyait
Sous mon petit pull marine
M'enlacer, j't'embrassais
Jusqu'au point de non-retour
Plutôt limite de notre amour
Avant de toucher le fond
Je descends à reculons
Sans trop savoir ce qui se passait dans le fond
Viens vite au fond de la piscine
Repêcher ta petite sardine
L'empêcher de se noyer... »

Émilie laissa la musique l'envahir pour tenter de ralentir les battements erratiques de son cœur, broyé par l'angoisse.

Elle revint bientôt dans la chambre, portant les deux *mugs* fumants. Tam parvint à s'asseoir dans le lit et à redresser les coussins derrière elle avant de se saisir de la tasse. Elle tremblait toujours par intermittences alors qu'elle buvait le breuvage brûlant à petites gorgées. Émilie fronça les sourcils, avala un peu de thé avant de demander.

— Tam, est-ce que tu as pris quelque chose ?

— Non. Pas encore. Ça va passer.

— Je ne parlais pas d'aspirine. Tu sais… Est-ce que tu as pris quelque chose ?

— J'ai juste fumé un peu. Pour faire passer le mal de tête.

— Ça ne sent pas.

— J'ai aéré.

— Ah…

Émilie termina le contenu de sa tasse puis la posa sur la table de chevet avant de serrer doucement son amie contre elle. Elle voulait réchauffer cette peau glacée, faire renaître le printemps dans ce corps en hiver, lui insuffler doucement son énergie, une fois encore.

Bleue comme toi

XIV

"And it's no sacrifice / Just a simple word / It's two hearts living / In two separate worlds"
Et ce n'est pas un sacrifice / Rien qu'une simple parole / Ce sont deux cœurs qui vivent / Dans deux mondes distincts

Elton John– *Sacrifice* (Sleeping with the past – 1989)

*****

Août 1994. L'été passa comme un souffle de vent. Les deux jeunes femmes virent se succéder les contrats et les shooting photos. Tam n'avait finalement pas été retenue pour cette *cover* mais elle avait eu la part belle dans les pages centrales du magazine. Ses cheveux et son visage avaient servi dans un spécial « *soins à la plage* » du numéro d'août sur lequel elle avait travaillé une partie du mois de juin. Quant à Émilie, elle était retournée quelques jours à Milan, à la suite de quoi elle avait passé un week-end sur le lac de Côme, invitée par un agent photographe particulièrement séduisant.

À la fin du mois d'août et juste avant les semaines chargées de la rentrée où les défilés de la collection été de l'année suivante allaient s'enchaîner, les deux jeunes femmes s'octroyèrent quelques jours de vacances en Normandie. Maminou les accueillit à bras ouverts et prépara immédiatement un dîner de galettes bretonnes généreusement garnies « *parce qu'il n'y a rien de tel que des crêpes pour se requinquer* » !

Émilie profita de ces vacances pour faire découvrir à Tam ses endroits préférés de la côte normande. À Deauville, elles parcoururent en petite foulées de jogging les planches en bordure de plage au petit matin, avant de prendre un petit déjeuner à la terrasse du *Bar du Soleil*. Elles lézardèrent sur le sable, se hasardant parfois quelques minutes dans l'eau fraîche et les vagues qui fouettaient le sang. Le midi, elles dégustèrent un cocktail de crevettes en bord de plage, savourant ces petits crustacés accompagnés de pain de seigle et de beurre salé au bon goût de vacances. Le soir, elles partagèrent un spectaculaire plateau de fruits de mer *Aux Vapeurs* à Trouville, en buvant une bouteille *d'Entre-Deux-Mers*.

Le lendemain matin, elles se levèrent aux aurores. Émilie entraîna son amie dans une randonnée à cheval sur la plage. De prime abord réticente et apeurée, Tam se laissa bientôt griser par le rythme régulier du galop de sa docile jument grise qui répondait au doux nom d'Andalousie. Les cheveux au vent dépassant de la bombe, les yeux semi-clos, tenant les rênes d'une main, les doigts de l'autre main emmêlés dans les crins de la magnifique pur-sang espagnole, elle s'en remit à sa jument pour suivre le groupe, confiante et heureuse de cette envolée équestre. La jeune femme se laissa emporter par la vitesse, le sentiment de liberté immense qu'elle ressentait, éclaboussée par les mille gouttelettes du galop dans les vagues du rivage.

Au retour, quand les chevaux reprirent le pas sur l'étroit sentier qui menait à l'écurie, leur robe mousseuse d'écume et de sueur, Tam caressa doucement l'encolure de sa bête, coup de cœur fugace hélas trop vite achevé. Un sourire immense éclairant son visage, elle confia à son amie n'avoir jamais, à son souvenir, ressenti un aussi grand bonheur. Le soir, elles dînèrent au *Drakkar* d'une sole meunière grillée à souhait avant de finir la soirée dans un bar branché près de la Place Morny.

Les jours se suivirent sans se ressembler. Le soleil céda place à des nuages menaçants et un vent frais. Les deux jeunes femmes laissèrent passer l'averse matinale en s'octroyant une douce grasse matinée. Le midi, elles prirent la route de Honfleur. Émilie voulait partager avec son amie le charme authentique de ce village normand. Elles déambulèrent dans les rues pavées, s'attardant à admirer les ateliers d'artistes, avant de se laisser surprendre par une nouvelle averse. Elles passèrent la fin d'après-midi à boire le thé au bar de *l'Hôtel Normandy*, ce qui ravit Tam, depuis toujours amatrice des bars d'hôtels étoilés. Elles prolongèrent la fin de journée cosy dans les fauteuils club par un apéritif et un assortiment de *brushetti*.

Bronzée et reposée, Tam avait retrouvé la forme et l'appétit. La fatigue du printemps n'était plus qu'un vilain souvenir. Les deux jeunes femmes savourèrent ces courtes vacances, profitèrent largement de la plage, des lieux et restaurants favoris d'Émilie, mais aussi des bons petits plats préparés par sa douce aïeule.

*****

Septembre était traditionnellement, avec janvier, l'un des mois les plus chargés dans le monde de la mode. Les engagements, les salons et les défilés se succédèrent à un rythme effréné pour les deux jeunes modèles, apportant leur quota habituel de voyages et de décalages horaires.

Octobre arriva rapidement. Les journées fraîches et pluvieuses laissaient augurer un hiver précoce. Un après-midi, après un casting particulièrement éprouvant, les deux jeunes femmes devaient passer à l'Agence pour récupérer des billets d'avion pour Londres. Le départ, organisé à la dernière minute suite à un changement de programme, était fixé au lendemain matin.

Alors qu'elles se changeaient, Tam s'assit soudain sur le sol et posa sa tête sur ses genoux repliés contre son torse.

— Tam ? Ça va ? demanda aussitôt son amie.

— Oui. Un peu la tête qui tourne. Ce n'est rien.

— Tu es vraiment pâle.

— Je suis juste un peu KO. J'ai mal dormi cette nuit.

— Tu veux que je passe à l'Agence récupérer les billets pendant que tu rentres tranquillement ? On peut se retrouver ensuite chez toi.

— Je veux bien, si ça ne te dérange pas.

— Pas du tout. Et puis, ça ne sert vraiment à rien qu'on y aille toutes les deux, assura Émilie.

Les deux jeunes femmes se séparèrent dans les couloirs du métro. Émilie se rendit directement au siège de l'Agence. Là-bas, elle chercha Marielle qui était retenue dans une réunion de planning.

En attendant, elle prit un café noir au distributeur et arpenta les couloirs en observant les clichés en noir et blanc qui étaient affichés sur les murs. Ils représentaient des campagnes publicitaires organisées par l'Agence au fil des décennies et montraient l'évolution des styles, des modes, des expressions des visages capturés dans l'instant. La jeune femme aimait contempler ces images et se dire qu'elle aussi laissait une trace de son passage furtif dans cette histoire de la mode, comme le témoignaient sa présence et celle de Tam sur un des clichés pris l'automne précédent. Perdue dans ses pensées, elle n'entendit pas la discrète secrétaire de casting arriver dans son dos. Elle sursauta quand une main se posa sur son épaule.

— Tu rêves ? demanda Marielle dont le sourire éclatant illuminait le visage rond encadré de boucles rousses faussement indisciplinées.

— Je crois que oui, admit la grande brune qui dépassait la secrétaire de casting d'une bonne tête, malgré les talons vertigineux que cette dernière portait en toute circonstance.

— Tam n'est pas avec toi ?

— Non. Elle est rentrée se reposer. Je vais prendre ses billets aussi.

— Très bien. Mais viens avec moi. Je dois d'abord régler un détail. L'hôtel que je vous réserve habituellement était complet. Il faut que j'en trouve un autre.

Si Émilie, lasse, s'agaça de ce contretemps, elle n'en laissa rien paraître. Elle suivit Marielle jusqu'à son bureau.

Grâce à l'efficacité de la dynamique assistante, une demi-heure plus tard, tout était solutionné. La jeune modèle récupéra l'ensemble des documents de voyage, ainsi que le planning des défilés et rendez-vous prévus dans la capitale britannique pour cette fin de semaine. Elles n'allaient encore pas chômer, c'était certain. Elle glissa la pochette dans son immense sac à main, remercia Marielle et quitta l'Agence pour se diriger vers le métro.

En chemin, elle acheta chez un caviste une bouteille de ce Chardonnay que Tam et elle aimaient particulièrement. Ce serait parfait pour passer une petite soirée paisible avant le départ de bonne heure le lendemain matin. Elle fit un arrêt éclair chez elle pour préparer sa valise et la laissa dans l'entrée. Elle passerait la récupérer le lendemain matin, en taxi, sur le chemin de l'aéroport. Ses affaires bouclées, elle sortit le cœur léger pour se hâter le long du Boulevard Saint Germain, vers l'appartement de son amie.

Elle sonna, attendit, mais personne ne vint lui ouvrir. Peut-être Tam était-elle dans la salle de bains ? Elle chercha son double des clés, déverrouilla la porte.

Dès son entrée dans l'appartement, elle sentit que quelque chose clochait. Ce silence... D'habitude, Tam aurait mis de la musique dès son arrivée, en lançant ses *Converse* en l'air aux quatre coins de la pièce. Mais là, aucune chaussure n'était visible, aucun chanteur ne fredonnait.

— Tam ?

Dans l'épaisseur du silence, elle se remémora la scène. Elles avaient quitté le boulot ensemble et s'étaient donné rendez-vous chez Tam. Aucun doute là-dessus.

— Tam, tu es là ?

Une angoisse sourde lui serra peu à peu les entrailles. Elle se hâta à travers le salon aux hauts plafonds haussmanniens, vers la chambre.

— Tam ?

Elle poussa la porte et retint un cri d'horreur.

— Tam !

Elle se précipita sur le corps fin étendu sur le sol, le serra contre elle.

— Tam ! Dis-moi quelque chose !

Elle approcha sa joue de sa bouche. Elle sentit qu'un faible souffle saccadé s'en échappait. Dieu merci ! Elle respirait !

Hésitant à s'éloigner de son amie, elle rampa néanmoins sur le sol jusqu'au téléphone. Elle dut s'y reprendre à deux fois pour composer les deux chiffres du numéro d'urgence tant ses doigts tremblaient. La tonalité qui suivit lui sembla ne plus avoir de fin. Tenant le téléphone d'une main, elle se rapprocha de Tam, posa sa tête inerte sur ses cuisses, caressa son dos de son autre main.

— Tam, reste avec moi, tu m'entends ?

— Vous avez demandé les secours, ne quittez pas. Vous avez demandé…

La voix métallique n'en finissait pas de débiter son slogan anxiogène. Enfin, une voix humaine répondit.

— Police-secours, quelle est votre urgence ?

— C'est mon amie, elle respire à peine. Elle a fait… je crois qu'elle fait une overdose.

Elle répéta deux fois l'adresse de Tam à cette femme au bout du fil qui semblait si calme et sereine alors que le souffle de Tam s'amenuisait.

— Dépêchez-vous, je vous en supplie !

Elle ne prit pas la peine de raccrocher. Elle serra Tam dans ses bras, lui embrassa le visage.

— Tam, tu m'entends ? Reste avec moi ! Tu dois rester avec moi !

Une paupière bougea, faiblement.

— Oh Tam, qu'est-ce que tu as fait ?

Elle caressait la joue inondée de ses propres larmes. Elle tremblait. Elle sentait le souffle, si faible. Elle s'accrochait à chaque infime brise comme si elle avait eu le pouvoir de la sauver. Mais que faisaient les secours ? Ils mettaient bien trop de temps !

— Tam, accroche-toi ! Tam, tu dois rester avec moi ! Tam, je t'aime, tu m'entends ? Je t'aime !

La tête se faisait lourde contre son bras. Le corps se relâchait, seconde après seconde.

— Tam, je t'aime ! Accroche-toi ! Mais qu'est-ce qu'ils foutent, bon sang ! Tam !

Elle chercha le souffle contre sa joue brûlante. Elle caressa le torse, si fin, cherchant un mouvement quelconque qui indiquerait un passage d'air. Mais elle ne distingua plus rien.

— Taaaaam ! hurlai-je ! Mais dépêchez-vous ! Taaaam ! Nooon !

Dans la rue, des sirènes retentissaient. Bientôt, des hommes, des femmes, des blouses blanches envahirent l'appartement. Ils arrachèrent la frêle jeune femme des bras d'Émilie qui ne voulait pas la lâcher, la massèrent, lui injectèrent des produits. Ils tentèrent de la ranimer. Son corps tressautait à chaque décharge envoyée. Mais Tam avait fui. Elle n'était déjà plus là. Elle le savait. Elle l'avait compris. Depuis longtemps déjà.

— Qui vous êtes, vous ?

La blouse blanche penchée au-dessus d'Émilie la scrutait d'un regard interrogateur. Pendant l'agitation des secours qui avaient transformé l'appartement en fourmilière, elle s'était recroquevillée contre un mur, tentant de se concentrer sur une chanson qui résonnait dans sa tête et d'en retrouver le titre et le nom de l'interprète. Le jeune homme, maigre, tout en longueur et enveloppé dans des vêtements de protection, réitéra sa question, en indiquant le brancard qui déjà s'éloignait.

— Vous êtes qui, pour elle ?

— Je... Sa petite amie. Je suis sa seule famille.

Interloqué, le jeune infirmier ne chercha pas à approfondir le sujet. Il haussa les épaules puis lança.

— OK. Vous pouvez nous suivre dans l'ambulance.

Émilie se releva, les muscles raides, le corps tout entier soudain douloureux. Elle suivit le cortège qui se hâtait vers le fourgon. Elle s'assit là où on lui indiquait, près de Tam inerte. Elle saisit la main douce et fraîche. Elle approcha son visage de celui de son amie. Tout le temps que dura le trajet, indifférente aux sirènes et aux gyrophares, elle chanta doucement, pour son amie, la chanson qui passait en boucle dans sa tête.

« Cold, cold heart
Hard done by you
Some things look better, baby
Just passing through
And it's no sacrifice
Just a simple word
It's two hearts living
In two separate worlds
But it's no sacrifice
No sacrifice
It's no sacrifice at all [9]».

---

[9] Cœur si froid / Le mal est fait / Certaines choses semblent s'améliorer, chérie / Elles ne font que passer / Et ce n'est pas un sacrifice / Rien qu'une simple parole / Ce sont deux cœurs qui vivent / Dans deux mondes distincts / Mais ce n'est pas un sacrifice / Pas un sacrifice / Pas un sacrifice du tout.

Lucie Renard

XV

" Et dans un sommeil infini / Cendrillon voit finir sa vie (...) Tout ça n'a plus d'importance / Elle part "
Téléphone (L. Bertignac) – *Cendrillon* (Dure Limite – 1982)

*****

Octobre 1994. Dans l'obscurité de sa chambre, les yeux grands ouverts sur le néant, Émilie fixait le plafond sans le voir. Allongée dans ce lit bien trop grand, bien trop vide, enroulée dans l'édredon de plumes, elle grelottait.

Était-ce la nuit ? Faisait-il jour ? Quel jour était-on ? Quelle heure ? Elle n'aurait su dire. Avait-elle dormi ? Sûrement, par intermittence, un peu. Les songes et les délires se mêlaient à l'effroi de la réalité dans un cauchemar permanant qui ne lui octroyait aucun répit.

Combien de jours s'étaient écoulés depuis cette nuit d'horreur où elle avait dû, finalement, lâcher la main de Tam pour ne plus jamais la reprendre ? Elle avait supplié, crié, menacé. Rien n'y avait fait. D'une voix calme, posée, le médecin lui avait parlé une langue qu'elle n'avait pas comprise, même si les sonorités lui semblaient familières. Il avait saisi son poignet. Lentement, puis fermement, il l'avait contrainte à lâcher son étreinte sur la main inerte. On lui avait fait signer des papiers. On lui avait prescrit des calmants. Un taxi l'avait reconduite chez elle.

Elle s'était laissé tomber sur le lit, sans même se déshabiller, s'était enroulée dans la couette. Elle avait tenté de pleurer. Aucune larme n'était venue. Seule une envie de hurler la submergeait. La voix qu'elle entendait alors, elle ne la reconnaissait pas. C'était comme un monstre, une bête blessée, agonisante qui rugissait encore et encore, un son rauque et pourtant puissant qui emplissait tout l'espace, répondait à l'écho du vide, laissait un goût de sang dans sa gorge. Puis le silence envahit les lieux. La nuit aussi, cette nuit n'en finissait pas. Il n'y aurait plus de jour, le soleil ne se lèverait plus, il ne brillerait plus jamais.

Dans le lointain, retentit une sonnerie stridente qui semblait ne jamais vouloir s'arrêter. Le bruit aigu martelait le crâne de la jeune femme, dix fois, vingt fois, trente fois. Puis il s'arrêtait quelques minutes avant de reprendre, encore et encore. Émilie ne savait pas comment y échapper, comment faire taire cette machine infernale qui lui creusait des cratères dans la tête, provoquait des élancements dans ses globes oculaires, faisait danser des ombres bleues et écarlates devant ses yeux mi-clos.

Elle trouva finalement la force de rouler hors du lit, se glissa sur la moquette, rampant presque, se traîna jusqu'au salon. Se hissant jusqu'à la table basse, elle décrocha l'impitoyable combiné.

— Allô ? prononça une voix qui venait de sa gorge mais qui n'était pas la sienne.

— Emm… Émilie ? C'est bien vous ?

La voix suraiguë, nasillarde qu'elle connaissait si bien lui transperça les viscères et fit remonter une nausée.

— Émilie, êtes-vous là ? insista la voix.

— Que voulez-vous ? prononça-t-elle finalement.

— Émilie... C'est horrible... Tamara...

Émilie savait. Elle avait su avant tout le monde, avant les personnes qui étaient censées connaître le mieux la jeune femme, ceux qui étaient supposés l'aimer de manière inconditionnelle, la chérir, la protéger. Elle avait été là pour le dernier souffle de Tam alors que celle-ci était si seule. Elle l'avait tenue dans ses bras essayant de la retenir, en vain, contre cet ultime voyage. Un frisson de haine parcourut la jeune femme alors que la nausée se faisait plus forte. Il y avait encore la voix au téléphone, qui émettait des sons dénués de sens. Cette voix, la mère de Tam.

— Que me voulez-vous ? jeta Émilie.

— Vous devez... vous devez...

— Je ne dois rien du tout.

— Émilie. Vous la connaissiez si bien. Vous devez... S'il vous plaît... Apportez-lui sa tenue pour ses funér...

La suite de la phrase se perdit dans un cri rauque. La bile, acide, se fraya un chemin le long de l'œsophage de la jeune femme, franchit la barrière des lèvres, la secouant d'un long spasme. Elle lâcha le combiné.

— Vous m'avez entendue ? hurlait la voix dans le téléphone. Les vêtements ! Apportez les vêtements !

Émilie essuya sa bouche d'un revers de manche. C'était loin d'être fini.

— Quels vêtements ? Parvint-elle à articuler.

— Ce que vous voulez. Vous la connaissiez. Vous savez ce qu'elle aurait voulu.

Un second jet jaunâtre suivit le trajet du premier et souilla la moquette. La jeune femme raccrocha avant de s'écrouler sur le sol, à bout de forces.

*****

Ballotée dans le métro, Émilie serrait contre elle le sac en nylon dans lequel se trouvaient les précieux oripeaux. Elle avait d'abord pensé ignorer la demande, faire comme si celle-ci n'avait jamais existé. Mais le téléphone, imperturbable, avait repris sa sinistre chanson. Les services funéraires la contactaient directement, elle, Émilie, 23 ans. C'était à elle d'entreprendre l'ensemble des démarches vers l'éternité pour son amie à qui le futur ferait désormais défaut.

— Les parents en sont incapables, avait énoncé le responsable de la morgue. Ils sont dévastés. Il faut les comprendre, mademoiselle, avait-il ajouté, elle était leur unique enfant.

Quelques mois auparavant, elle lui aurait fait ravaler son discours, lui expliquant à quel point ils avaient ignoré les souffrances de cette même unique enfant. Mais Émilie n'avait plus les armes pour lutter. Elle avait reçu les directives énoncées par cet homme, empathique mais procédurier. Elle avait docilement rempli les tâches qu'il la sommait d'accomplir. Elle avait contacté une entreprise de pompes funèbres, organisé la cérémonie. Elle avait choisi la tenue aussi.

Elle avait hésité. La longue robe sombre, les escarpins, comme une tenue de princesse pharaonique. C'était sans doute ce qu'aurait voulu la famille, ces *'proches'* si lointains en réalité. Mais ce n'était pas ce qu'aurait souhaité Tam. Alors, elle avait choisi le jean en denim brut, la chemise blanche, le blazer bleu marine. Elle avait pioché un ensemble de lingerie en dentelle bleu ciel. Elle avait enfin, sans plus hésiter, ajouté à l'ensemble les *Converse* que son amie aimait tant, comme un pied de nez à sa mégère de mère, à ses escarpins trop petits et hors de prix. Elle n'avait pas omis la montre de son amie, une *Rolex* automatique dont la jeune femme ne se séparait jamais. Comme sa propriétaire, le bijou avait cessé de fonctionner, faute d'un cœur pour battre au rythme de la vie et du temps qui s'écoule. Émilie avait fermé fébrilement le sac, comme on dissimule un secret. Sans plus attendre, elle avait quitté l'appartement et s'était engouffrée dans le métro.

*****

L'église était comble. Il y avait tant de gens pour assister à l'ultime défilé de Tam. Émilie en avait le tournis. D'ailleurs, depuis trois jours, la migraine ne l'avait pas quittée. Elle avait renoncé aux antidouleurs et anti-inflammatoire, les remplaçant par un joint en fin de journée, un peu de fumée bleue pour tout oublier et appeler à elle un sommeil lourd et sans rêve.

C'était à elle qu'était revenue la tâche d'organiser ce dernier hommage. Les parents de la jeune femme, pétrifiés dans l'incompréhension et le déni, n'avaient rien voulu gérer. La mère de Tam avait noyé son amertume dans des bouteilles de bourbon bues à même le goulot. Quant à son père, il avait disparu quelques jours dans son bureau, ne réapparaissant pas le soir au domicile familial. Sans doute terminait-il l'examen de quelque *dossier* brûlant dans la garçonnière attenante à l'immense bureau vitré.

Dans l'édifice rempli de fleurs, le brouhaha des conversations de ces pantins en costumes sombres faisait écho aux embrassades forcées et aux sourires gênés. Émilie ne salua personne. Elle resta auprès du cercueil entrouvert, comme pour protéger son amie, une dernière fois, contre les esprits maléfiques.

Émilie tint son rôle jusqu'au bout. Elle parla de la jeune femme qui avait partagé un bout de son chemin, devant l'assemblée de tous ces gens qui prétendaient la connaître.

— Elle aimait la caresse du soleil sur son visage, sentir le sable chaud sous ses pieds, le souffle du vent dans ses cheveux. Elle aimait la musique et danser jusqu'à l'aube. Elle aimait aimer et elle aimait rire. Elle avait ce rire tellement beau, tellement doux, il sonnait comme des millions de grelots que tintaient. Elle aimait la vie, ces petits morceaux de bonheur volés entre deux défilés, elle les aimait avec tout son cœur.

Puis elle cessa de parler. Elle ne prit même pas la peine d'essuyer les larmes qui dévalaient ses joues. Elle ignora le mouchoir qu'une femme au premier rang lui tendait. Elle ne l'aperçut pas, tout simplement. Les personnes de l'assistance n'existaient plus. Le monde s'était dépeuplé. Il n'y avait plus autour d'elle que cette voix d'Église, monocorde et lugubre, et ce cercueil de bois clair. Elle se tint coite, raide comme un piquet pendant toute la fin de la messe. Elle suivit le cortège lent qui menait la dépouille de son amie jusqu'au cimetière du Père Lachaise. Enfin, à bout de forces, elle dut se résoudre à la laisser partir.

*****

Émilie ne retourna pas à Londres. Elle ne retourna pas non plus à l'Agence. Elle dormit plusieurs jours durant, ne se levant que pour boire un peu d'eau ou fumer un joint. Puis elle retournait enfoncer son visage dans l'oreiller. Elle respirait encore l'odeur de Tam dans les draps. Mais peu à peu, celle-ci se fit plus subtile, jusqu'à disparaître.

Un matin, elle s'éveilla, en proie à une fureur insupportable. Elle arracha les draps du lit, les jeta dans un sac poubelle et descendit le tout à la benne. Puis elle ouvrit l'armoire en grand, fit tomber les affaires de Tam qui y étaient rangées, empoigna littéralement les vêtements des étagères pour les jeter sur le sol. Et c'est alors qu'elle l'aperçut. Un petit sachet de poudre qu'elle n'avait jamais vu auparavant. Une autre sorte de poudre. Pas de la *coke*. C'était *autre chose*. Elle n'était sûre de rien et pourtant, à ce moment précis, elle sut. Elle comprit que Tam était bien plus bas, bien plus loin qu'elle ne l'avait jamais soupçonné. Tam prenait de l'héroïne. Il y en avait là une belle dose, de quoi entamer plusieurs voyages au fin fond de l'enfer. Et ne plus revenir.

Alors elle fouilla dans son sac, prit ses clés, dévala le boulevard Saint Germain et se rua chez Tam. Là, elle entreprit une fouille minutieuse de l'appartement. Elle y trouva de tout. Cannabis, amphétamines, cocaïne, héroïne. Un véritable arsenal de poisons à retardement.

Au milieu du champ de bataille, la jeune femme tomba à genoux, recroquevillée dans une douleur qui lui transperça la poitrine. Tam souffrait tellement. Et elle n'avait rien vu. Elles passaient tout leur temps ensemble, elles partageaient jusqu'au plus précieux de leur intimité. Et elle n'avait rien compris de sa détresse profonde. Même le dernier jour, surtout le dernier jour, elle n'avait rien perçu. Et c'était trop tard. Tam était partie, pour toujours.

Combien de temps resta-t-elle ainsi, à genoux, au milieu de cette chambre à coucher au sol recouvert des vestiges d'une vie ? Elle n'aurait su le dire. Elle avait perdu la notion du temps. Elle pleura longtemps, hurla jusqu'à ce que la gorge lui brûle, frappa les meubles jusqu'à avoir la peau des phalanges en sang. Puis elle s'effondra.

Quand elle revint à elle, elle n'avait plus de larme, plus de douleur, simplement un immense vide qui emplissait tout son cœur et son corps. Elle se releva, sortit de l'appartement, ferma à clé derrière elle, sans se retourner.

Elle marcha jusqu'à la Place Saint Germain des Prés. Là, elle s'assit à la terrasse des Deux Magots, malgré le froid piquant. Elle commanda un gin-tonic et un croque-monsieur qu'elle engloutit dès que le serveur en long tablier noir les posa devant elle. Ce n'est qu'à ce moment-là qu'elle inspira une profonde bouffée d'air, emplissant ses poumons d'oxygène. L'air frais lui brûla la gorge et les bronches mais cette douleur physique lui fit du bien. Soudain, elle se sentit vivante à nouveau. Elle commanda un second gin-tonic qu'elle dégusta à petites gorgées.

Lorsque le verre fut vide, elle paya, se leva et s'en fut marcher le long des bords de Seine. Les bouquinistes fermaient leurs échoppes pour la nuit. Elle marcha jusqu'au petit matin, croisant parfois des oiseaux de nuit, des fêtards, de pauvres hères en quête d'une âme sœur qu'elle entreprit rapidement de dissuader de tenter quoi que ce fut. Quand les premiers rayons du soleil dardèrent et que l'agitation de la ville envahit les rues, elle rentra finalement chez elle.

Lucie Renard

XVI

"The cold has a voice / It talks to me / Stillborn by choice / It airs no need / To hold."
Le froid a une voix / Il me parle / Volontairement et éternellement immobile / Il ne souffle aucun besoin / Auquel se raccrocher

A-ha– *Stay on these roads* (Stay on these roads – 1988)

*****

Novembre 1994. Émilie ne retourna pas arpenter les planches des défilés. Elle ne remit pas non plus les pieds à l'Agence. Elle resta loin des lieux où Tam et elle avaient passé tant de soirées, tant de nuits à danser. Elle n'alla plus boire un verre dans les bars d'hôtels luxueux. Elle évita tous ces endroits qui étaient si pleins de ses souvenirs.

Elle passa plusieurs fois devant la Sorbonne. Elle envisagea de retourner s'inscrire en Lettres Modernes, de reprendre ses études, abandonnées pour le monde de la mode. Elle prit place dans la file des futurs étudiants qui attendaient leur entrevue, dossier à la main. Cependant, quand enfin ce fut son tour, elle n'entra pas dans le bureau du secrétariat. À la place, elle tourna les talons et sortit du majestueux édifice. Elle renonça à cela également.

Chaque jour, la jeune femme se rendait dans l'appartement de Tam. Elle ouvrait les fenêtres en grand pour aérer, elle arrosait les plantes qui n'avaient jamais été aussi vertes, aussi vivantes, paradoxalement. Elle avait rangé méticuleusement toutes les affaires de Tam dans les armoires, comme si celle-ci s'était simplement absentée quelques jours, qu'elle allait revenir et que ce serait pour elle une belle surprise de retrouver un appartement impeccable. La seule chose qu'Émilie se refusait à faire, c'était mettre de la musique. Elle avait besoin de ce silence, de ressentir cette absence qui ne soit pas brouillée par des accords de guitares ou des voix.

Elle restait une heure ou deux. Parfois davantage. Ensuite, elle allait boire un café aux *Deux Magots* ou au *Flore*. Parfois elle essayait de lire mais elle renonçait rapidement car son cerveau n'imprimait pas les phrases et elle ne parvenait pas à suivre le fil de l'histoire. Alors, elle observait les gens, leur vie, leur agitation futile, leurs embrassades, leurs rires, leurs sautes d'humeur parfois. Elle sortait un carnet, un stylo, elle notait des bribes d'existence de tous ces gens vivants pour s'en souvenir, pour se rappeler que chez certains, le cœur battait encore.

Un jour qu'elle arrivait chez Tam, elle eut la surprise d'apercevoir un camion de déménagement en bas de l'immeuble. Interpelée, elle grimpa dans les étages et croisa deux hommes taillés comme des armoires jurassiennes en train de descendre une bibliothèque. La bibliothèque de Tam.

Elle grimpa les marches quatre à quatre jusqu'au troisième étage. Louis, le majordome de la famille de Tam était là, au milieu du couloir. Il surveillait les opérations et donnait des directives. Les livres avaient déjà été emballés dans des cartons. Les piles de vêtements n'allaient pas tarder à suivre le même chemin. Tout allait disparaître, propre, net, sans laisser de trace.

— Que se passe-t-il ? demanda la jeune femme au majordome.

— Monsieur et Madame ont un nouveau locataire pour l'appartement. Nous enlevons les affaires de Mademoiselle.

— Mais, c'était l'appartement de Tam ! Ils ne peuvent pas faire cela !

— Non, Mademoiselle. C'était un des appartements de Madame et Monsieur qu'ils laissaient à la disposition gracieuse de Mademoiselle.

— Comment cela ?

— Vous ne saviez pas ?

— Non. J'étais persuadée que c'était Tam qui payait cet appartement.

— Je regrette, Mademoiselle. Et maintenant, je dois vous demander de bien vouloir laisser passer ces messieurs afin qu'ils achèvent leur tâche dans les meilleurs délais.

Émilie s'écarta du passage. Ce faisant, elle se dirigea vers la chambre. Sur le bureau encore en place, traînait l'exemplaire ancien des *Fleurs du Mal*, à côté d'un petit cadre photo argenté contenant un cliché en noir et blanc d'elle et Tam devant le Pont de Londres. Émilie se saisit des deux objets, les glissa dans son sac, certaine que la photo et le recueil de poésie ne manqueraient à personne. Sans mot dire, elle quitta l'appartement.

Elle marcha longtemps le long de la Seine, traversa l'île de la Cité, passa devant la Place de la Concorde, arriva Pont d'Iéna. Elle remonta vers le Trocadéro. Là, elle entra dans la brasserie *Carette*, commanda un café crème, sortit le livre relié à la couverture de cuir, usé d'avoir été tant feuilleté. Elle ne l'ouvrit pas. Elle se contenta de caresser la couverture, machinalement, avec une infinie douceur.

Le garçon posa la tasse devant elle. À l'aide de la cuillère, elle récupéra la mousse de lait sur le dessus de la boisson, la porta à ses lèvres, reproduisant ce geste qu'elles avaient si souvent effectué ensemble, Tam et elle. Il y avait quelque chose d'infiniment triste dans ce geste si familier qui rappelait à Émilie les centaines de petits déjeuners qu'elles avaient partagés, les moments calmes autant que les cafés avalés sur le pouce avant d'aller arpenter les *floors* des défilés. Lentement, elle dégusta le café, sans cesser de caresser la couverture usée du livre, se forçant à se rappeler les moments heureux, à écarter les autres.

Il faisait nuit noire quand elle sortit du café. Elle se sentait toujours aussi vide, mais néanmoins, le poids sur ses épaules s'était en partie envolé. Elle prit une profonde inspiration, sentit le souffle du vent dans ses cheveux, comme une caresse. Elle scruta autour d'elle à la recherche d'un visage familier, d'un signe mystique. Rien ne vint. Alors, elle reprit sa marche pour rentrer chez elle.

*****

Émilie fut réveillée par la sonnerie insistante du téléphone. Elle tenta de l'ignorer, appliquant consciencieusement l'oreiller contre ses oreilles et se retournant pour tenter de se rendormir. Quelle heure pouvait-il bien être ? Beaucoup trop tôt, sans aucun doute.

Bleue comme toi

La lumière du jour naissant filtrait à peine entre les volets clos. Quel qu'il fut, l'interlocuteur n'avait pas l'air décidé à abandonner. Il insistait, raccrochant toutes les vingt sonneries pour rappeler trois minutes plus tard.

Émilie pesta et finalement, se leva, se traîna, maussade et encore engourdie, jusqu'au salon. Elle décrocha.

— Oui ?

— Émilie, bonjour. Je ne vous réveille pas, affirma plus qu'elle ne suggéra la voix nasillarde trop bien connue de la mère de Tam.

Émilie nota au passage le retour du vouvoiement, froid et impersonnel.

— Qu'est-ce que vous voulez ? lança-t-elle immédiatement, ne souhaitant plus s'encombrer de la bienséance pour communiquer avec cette femme.

— Émilie, je voudrais vous parler de la Jaguar. Vous savez, la Jaguar de Tamara.

— Vous voulez dire celle qui nous avions achetée ensemble ? corrigea-t-elle.

— Oui, c'est cela, si vous voulez.

— Et donc ?

— Émilie, je voudrais que vous vendiez la voiture. Tamara n'étant plus là, il n'y a aucune raison que vous la conserviez.

Voici donc où voulait en venir cette femme, crachant une ultime salve de venin malfaisant.

— Émilie ? Vous êtes toujours là ?

— Oui.

— M'avez-vous comprise ? Ou bien avez-vous des questions ?

— Aucune question. C'est très clair.

— Bien. Comment voulez-vous que nous procédions ?

— Je vais vendre la voiture. Je vous apporterai votre part du montant de la cession quand ce sera fait.

— Bien. Très bien. J'attends donc de vos nouvelles.

Émilie raccrocha. Elle resta un moment pétrifiée. La Jaguar, cette voiture dans laquelle elles avaient vécu tant de road trips au rythme des caprices du moteur, cet engin pour lequel elles étaient tant de fois allées en Angleterre à la recherche de pièces d'origine, la dernière marque tangible de leur vie à deux, voilà qu'elle devait s'en séparer. Elle n'avait pas anticipé la violence du sanglot qui la terrassa, la jeta au sol, hurlant à s'égosiller, perdue et impuissante.

Elle pleura une partie de la journée. Quand la nuit tomba, elle n'avait plus de larmes. Il était près de dix-huit heures. Elle s'habilla chaudement, sortit. Sans y penser davantage, elle se rendit au siège du *Figaro*. Là, elle demanda à la réceptionniste le service des petites annonces.

— C'est que nous allons bientôt fermer, lui répondit une jeune femme à l'air pincé.

— Je n'en ai pas pour longtemps.

— Bien… C'est au fond du couloir, à droite.

— Merci.

À l'endroit indiqué, Émilie remplit un formulaire, décrivit la voiture, son pédigrée, ses origines et le prix qu'elle en voulait, dans les cases prévues à cet effet. Elle ne chercha pas à faire une bonne affaire, simplement à s'acquitter de sa tâche. Elle confia le formulaire à l'homme derrière le guichet, paya le prix indiqué pour l'annonce. L'homme, un sourire commercial plaqué sur le visage, la félicita pour son choix de forfait qui lui assurait non seulement une parution quotidienne pendant une semaine, mais aussi une place bien visible dans l'édition très convoitée du samedi.

— C'est l'édition qui comprend le *Magazine*, le *Figaro Madame*, l'hebdomadaire TV en plus des pages *saumon* relatives à l'économie, expliqua-t-il. Tout le monde l'achète et tous ces gens verront votre annonce. Vous faites une affaire, là, Madame, je vous assure.

Émilie haussa les épaules. Elle se souciait comme d'une guigne de ce discours de vendeur de bas étages. Elle voulait juste en finir et sortir de là le plus rapidement possible.

*****

Sans doute le vendeur d'espaces annonceurs avait-il eu raison. L'édition du samedi lui apporta de nombreux appels de curieux qui voulaient en savoir davantage sur cette magnifique voiture de collection. Départager le simple touriste du véritable acheteur potentiel se révéla un défi conséquent. Émilie fit confiance à son instinct qui l'avait rarement trompée, afin de trier les candidats.

Finalement, le mardi, un homme vint voir le véhicule. À l'approche de la cinquantaine, après des années de travail acharné dans une banque d'investissements où il n'avait pas compté ses heures, il venait de divorcer et souhaitait profiter des petits bonheurs que la vie pouvait encore lui offrir. Vêtu d'un jean indigo, d'une chemise blanche et d'un blazer anthracite, il affichait un style qui plut immédiatement à Émilie. Rapidement, ils firent affaire. Le jeudi suivant, elle lui confiait les clés de la Jaguar, non sans avoir une dernière fois caressé le cuir du volant et le bois du tableau de bord. C'était un adieu de plus à son passif.

— J'en prendrai grand soin, autant que vous-même avez pu le faire, lui assura l'homme, conscient de son émotion.

— Merci, bredouilla-t-elle. Cette voiture, elle est... spéciale.

— Je sais. Je l'ai senti tout de suite. N'ayez crainte. Elle est entre de bonnes mains.

Ils échangèrent une poignée de mains avant de se séparer. Émilie s'éloigna sans se retourner et s'engouffra dans le métro.

*****

Dès le lendemain matin, elle se présentait devant l'entrée du majestueux immeuble haussmannien au luxe ostentatoire. Ce fut Louis, le majordome, qui vint lui ouvrir. Elle demanda à parler aux parents de Tam. Louis l'informa que *Madame* était sortie mais qu'il allait voir si *Monsieur*

Bleue comme toi

pouvait la recevoir. Bientôt, elle fut introduite dans le bureau. L'homme, assis dans un profond fauteuil en cuir bordeaux, hocha la tête en guise de salutation sans lui proposer de prendre place. Elle n'avait de toute façon pas l'intention de s'éterniser.

Sans autre forme de cérémonie, elle sortit de son sac une enveloppe kraft remplie de billets de banque qu'elle jeta sur le bureau, devant l'homme, interloqué.

— Qu'est-ce que c'est que cela ? demanda-t-il.

— La moitié du prix de cession de la Jaguar, comme convenu.

— Ah oui, la voiture. Très bien, fit-il.

Il prit l'enveloppe, la soupesa, l'ouvrit, puis se ravisa et la referma. Il la tendit à la jeune femme qui n'avait pas bougé.

— Tenez, reprenez-la.

— Comment ?

— Prenez cet argent. Vous en aurez plus besoin que nous.

— Ça ne va pas ? Ce n'est pas ce qui était convenu.

— Allons, mon petit, c'est simplement un geste de notre part. Prenez cela avant de partir.

— Vous êtes des malades, vous et votre femme ! hurla Émilie, soudain hors d'elle. Vous m'obligez à vendre cette voiture qui était le dernier souvenir que j'avais de Tam et ensuite vous voulez me faire la charité ? Vous êtes complètement cinglés. Tam avait raison. Vous êtes des monstres. J'espère que vous allez vous étouffer avec votre fric !

Alors, se passa quelque chose de très inattendu. Le visage de l'homme, jusque-là si impassible, se déforma. Le cri de douleur qui sortit de sa gorge avait quelque chose de sauvage, d'inhumain. Il tendit la main vers la jeune femme, essayant de saisir son poignet, mais elle fut plus rapide.

— Rendez-moi ma fille, sale trainée, rugit-il. Prenez l'argent et rendez-moi ma fille !

— Crevez avec votre fric ! hurla Émilie en retour, avant de prendre la fuite en courant.

Le taxi qui la prit en charge pour la ramener chez elle la trouva si agitée qu'il crut qu'elle avait subi une agression. Il lui proposa de l'emmener au poste de police le plus proche, insista pour savoir si elle était blessée. Elle tenta de le rassurer, bien que les sons qui sortaient de sa gorge ressemblaient davantage à des gémissements douloureux mêlés de larmes, qu'à des paroles intelligibles. Finalement, il lui tendit un paquet de mouchoirs en papier et attendit en bas de son immeuble qu'elle se calmât avant de la laisser sortir du véhicule. Il ne lui demanda rien pour la course. Trop bouleversée, elle ne songea même pas à le remercier.

Bleue comme toi

XVII

"I have died every day, waiting for you / Darling, don't be afraid, I have loved you for a thousand years / I'll love you for a thousand more"
Je suis morte jour après jour à t'attendre / Mon amour, n'aie pas peur, je t'ai aimée mille années durant / Je t'aimerai pour mille ans de plus

Christina Perri– *A thousand years* (The Twilight Saga: Breaking Dawn – 2011)

*****

Octobre 2019. J'observai le jeune homme devant moi, ses longues jambes repliées en tailleur sur le canapé de toile anthracite. Il passait machinalement ses doigts dans ses cheveux, ajoutant le désordre de cette chevelure hirsute et indomptable qui faisait sa fierté. Fascinée par sa concentration, je repris une gorgée de vin. Pendant ce temps, la jeune fille à ses côtés caressait un chat noir et blanc qui commençait à s'agacer de ses papouillages et donnait des coups de queue secs et vifs, prémices d'un coup de griffe prochain.

— 1989 ? suggéra-t-il. Oui, je pense que c'est 1989, la chute du mur de Berlin.

J'approuvai d'un hochement de tête.

— Bravo ! Franchement, David, tu m'épates, le félicitai-je.

— Camembert jaune pour moi ! J'ai gagné ! jubila-t-il.

Il plaça le trophée hautement mérité sur le plateau de jeu avant de mimer avec ses doigts le signe de la victoire.

— *Et haut la main, comme toujours, remarqua sa sœur en essayant de retenir le félin qui essayait de s'enfuir de ses genoux. Tu es vraiment une tronche, toi !*

— *C'est sûr, confirma Émilie. Je ne sais pas de qui tu tiens ça. Pas de moi, en tous cas.*

Elle lui sourit en le couvant de ce regard rempli d'amour qu'elle réservait à ses enfants. Elle avança la main pour lui ébouriffer à son tour les cheveux. Il éloigna sa tête, l'air faussement agacé.

— *Mais, heu ! M'man !*

A ce moment, la sonnerie de l'interphone retentit.

— *Les pizzas ! se réjouit le jeune homme en sautant sur ses pieds.*

— *Yesssss ! confirma sa sœur.*

Il fila ouvrir au livreur et récupérer la commande.

— *Vous vous débrouillez, les jeunes ? On va à côté, toutes les deux, leur lança Émilie.*

— *Oui, oui, t'inquiète, M'man.*

Elle remplit nos verres de vin puis, s'adressant à moi.

— *Lucy, tu viens avec moi ? J'ai envie de fumer.*

Je pris le verre qu'elle me tendait, attrapai au passage quelques dés de fromage et trois olives avant de la suivre vers le bureau. Là, elle ouvrit la fenêtre pour laisser échapper la fumée. Nous nous assîmes sur des coussins épais, à même le sol. Je m'enroulai dans un plaid doux en mohair pour avoir chaud.

— C'est vrai qu'il en a, là-dedans, David, lui dis-je, en me tapotant le crâne.

— J'aime bien quand il est comme ça, heureux de vivre, qu'il utilise son intelligence pour se surpasser plutôt que se rebeller.

— On a tous une face lumineuse et un côté sombre, remarquai-je. Et encore plus à l'adolescence.

— C'est vrai, admit-elle, pensive. David, au moins, quand il pète les plombs, il m'en parle. Anna beaucoup moins. Ça m'inquiète parfois, son mutisme, ces heures où elle s'enferme dans sa chambre avec son chat. J'ai peur de ce qui se joue, peur de ne pas voir sa fragilité.

— Mais tu es tellement présente pour tes enfants. Et ils ont une telle confiance en toi.

— Oui, mais parfois, cela ne suffit pas, parfois on ne remarque pas ce qu'il se passe, murmura-t-elle, comme pour elle-même.

Je n'ajoutai rien. J'avais compris depuis longtemps qu'il était bon de laisser le silence prendre sa place quand elle me parlait de Tam. Je l'avais perçu dès notre première conversation. Je bus une gorgée de vin, pensive. Elle tira une dernière bouffée de sa cigarette, lança une musique dans sa playlist. La voix douce de Christina Perri envahit la pièce plongée dans une semi-pénombre.

« Heart beats fast
Colors and promises

Bleue comme toi

How to be brave
How can I love when I'm afraid to fall
But watching you stand alone
All of my doubt, suddenly goes away somehow
One step closer
I have died every day, waiting for you
Darling, don't be afraid,
I have loved you for a thousand years
I'll love you for a thousand more
Time stands still
Beauty in all she is
I will be brave
I will not let anything, take away [10]»

Émilie poursuivit.

— *Tu sais, après Tam, je n'ai plus jamais eu cette confiance infinie en l'être aimé, qu'on ne trouve que lorsque celui ou celle qui partage tes nuits est aussi ton meilleur ami. Il y a eu des hommes, j'ai vécu une vie de famille, mais jamais comme avec Tam. Je m'aperçois qu'il y a d'un côté l'amitié, comme avec toi, qui est imprégnée de cette confiance, et puis il y a l'amour, ses concessions et ses zones d'ombres.*

---

[10] Les cœurs battent fort / De couleurs et de promesses / Comment avoir du courage / Comment puis-je aimer quand j'ai peur de chuter / En te voyant te tenir ainsi immobile / Tous mes doutes soudain semblent s'évanouir / Un pas nous rapproche / Je suis morte jour après jour à t'attendre, Mon amour, n'aie pas peur / Je t'ai aimée mille années durant / Je t'aimerai pour mille ans de plus / Le temps a arrêté sa course / Beauté dans tout ce qu'elle est / Je serai courageuse / Je ne laisserai rien me l'enlever

— C'est triste, non, de vivre ainsi, désillusionnée ? Mais je comprends. Ce sont aussi les blessures de la vie qui nous rendent méfiantes envers les artifices des relations amoureuses.

— Je me suis souvent demandé, poursuivit-elle, lentement, en cherchant les mots justes, si elle et moi, ça aurait duré.

Elle se tut un instant, but une gorgée de vin, fit tourner le liquide contre les parois du verre et observa les larmes de l'alcool qui adhéraient légèrement contre la partie supérieure du ballon. Elle prit une profonde inspiration avant de continuer.

— J'y ai beaucoup pensé et aujourd'hui, je sais que non. Elle, elle n'aurait pas duré. Elle n'était pas faite pour durer. Elle avait trop souffert. Elle avait l'air vivante mais elle se consumait de l'intérieur. Tu vois, on la croyait vivante, sur les planches des défilés, derrière l'objectif des photographes, alors qu'en réalité, elle était déjà morte.

Je l'observai un instant. Il y eut une minute de silence au cours de laquelle un ange passa furtivement.

— Dans ton cœur, elle a continué à vivre.

— Oui. Elle est là, en moi, comme une ombre bleue qui colore chacun de mes pas, chacune de mes pensées, chaque moment de ma vie. Et elle y vivra pour un millier d'années.

FIN

Bleue comme toi

Merci

C'est toujours un immense plaisir de rendre hommage à ceux et celles (et ils sont nombreux) qui me soutiennent dans cette vaste entreprise créatrice qu'est l'écriture d'un roman.

Merci, mes amis si chers (ils se reconnaitront) avec qui je passe souvent des soirées inoubliables à refaire le monde et dont certaines de nos discussions m'ont inspiré ce roman.

Merci, mes enfants déjà si grands, pour votre grande patience mêlée d'indulgence dans ces moments (fréquents) où je me plonge tout entière dans l'écriture de mes romans et la vie de mes personnages.

Merci, ma famille, les un(e)s, les autres. Cachées dans chaque famille, les histoires d'amour ou de haine inspirent les méandres de la fiction.

Merci à mon relecteur de choc pour ses questionnements, ses suggestions, ses commentaires qui ont contribué à l'équilibre de ce roman.

Merci aux auteurs auto-édités, cette communauté si solidaire et soudée qui accueille avec bienveillance chaque romancier en herbe et l'aide, par ses conseils avisés, à grandir dans son art.

Un grandissime merci à GrandissiMots pour les corrections relevées par son œil de lynx en cours de lecture.

Merci à tous ceux, amis *'in real life'* et tous les autres, qui découvrent avec plaisir mes romans et me le font si gentiment savoir. Vos retours de lecture me touchent toujours immensément.

Puisqu'enfin et surtout, chers lecteurs, ceux qui me suivent depuis mon premier roman comme ceux qui ont découvert mes personnages plus récemment, les romans ne sauraient exister sans leurs lecteurs. Cette fois encore, merci, du fond du cœur, d'avoir accepté de prolonger la vie de mes personnages de papier !

Lucie Renard

Bande originale du livre (BOL)

Au fil des pages, le lecteur a rencontré les titres musicaux suivants.

Lady Gaga / Bradley Cooper - *Shallow* (OST A star is born – 2018)

Eric Clapton – *Tears in heaven* (OST Rush – 1991)

Rod Stewart – *Sailing* (Atlantic Crossing – 1975)

Abba – *Dancing Queen* (Arrival - 1976)

Abba – *Gimme! Gimme! Gimme! (A Man After Midnight)* (Voulez-vous - 1979)

Cock Robin – *When your heart is weak* (Singles - 1985)

Depeche Mode – *Enjoy the silence* (Violator – 1990)

Led Zeppelin – *Stairway to heaven* (Led Zeppelin IV – 1971)

Rolling Stones – *Angie* (Goats Head Soup – 1973)

Texas– *Tell me why* (Southside – 1989)

Prince – *Purple Rain* (Purple Rain - 1984)

Marianne Faithful – *The ballad of Lucy Jordan* (OST Thelma & Louise – 1991)

Johnny Cash – *I can see clearly now* (I can see clearly now – 1972)

The Cranberries – *Dreams* (Everybody Else is doing it, so why can't we? – 1993)

Paul McCartney – *No more lonely nights* (Give my regards to Broad Street – 1984)

The Police – *Every breath you take* (Synchronicity – 1983)

4 non blondes – *What's up?* (Album: Bigger, Better, Faster, More! – 1992)

The Bangles – *Eternal Flame* (Everything - 1989)

Fleetwood Mac – *Dreams* (Rumours – 1977)

Etienne Daho – *Bleu comme toi* (Pour nos vies martiennes - 1988)

Jane Birkin – *Pull marine* (Birkin/Gainsbourg: le symphonique– 1984)

Elton John – *Sacrifice* (Sleeping with the Past – 1989)

Téléphone – *Cendrillon* (Dure limite – 1982)

A-Ha – *Stay on these roads* (Stay on these roads – 1988)

Christina Perri– *A thousand years* (The Twilight Saga: Breaking Dawn – 2011)

Pour accompagner votre lecture, la BOL est disponible sur Youtube :

https://www.youtube.com/playlist?list=PLqS7ZQJuNFpd6h03P8zyVvp01BCnDfk2V

Les traductions françaises des citations issues des titres de cette BOL sont de mon cru. Elles n'ont pas la prétention d'être des traductions officielles, mais simplement d'exprimer au lecteur le sens de ces paroles de chansons, dans le contexte du roman.

Du même auteur

Debout derrière la porte, immobile dans l'ombre, le nouveau venu portait un long manteau de laine noir, épais, qui touchait presque le sol. Qui était ce nouvel élève ? D'où venait-il ? Pourquoi Tiffany ressentait-elle un besoin impérieux d'en savoir plus, de percer le secret de cet étrange garçon ? Elle découvrira vite que le passé de Virgil recèle son lot de drames, dont les sinistres protagonistes le poursuivent encore aujourd'hui, jusqu'à ce petit collège de province.

Élève de troisième sans histoire, Tiffany a vu sa vie bouleversée lorsque Virgil est arrivé dans la classe. Tombée sous le charme de ce garçon solitaire au passé tumultueux, Tiffany est convaincue que pour aider Virgil à retrouver sa mère et sa sœur disparues, il faut entreprendre un voyage en Finlande sur leurs traces. Mais comment faire pour mener à bien une telle mission, quand on a tout juste quinze ans ?

En cette veille de nouvel an, Tiffany n'aspirait à rien d'autre qu'à un moment tranquille avec son mari et leurs deux jeunes enfants. Pourtant, quand un message semblant venir du passé lui propose « côté résolution pour cette nouvelle année : te revoir », elle est bouleversée. Alors le grand amour de ses seize ans réapparaît ainsi,

Bleue comme toi

quinze ans après, Tiffany laissera-t-elle passer sa chance une seconde fois ?

Quel était ce restaurant italien, aux nappes à carreaux rouges et blancs ? Ophélia ne l'avait jamais remarqué. Parfois des destins se mêlent, des liens se tissent avec ceux que le hasard a mis sur nos chemins. Au fil des jours, adoptant le cappuccino du Caffe Mio comme rituel matinal, Ophélia va découvrir que derrière chaque personne dans ce restaurant se cache une histoire, dont certains éléments vont bouleverser sa vie irrémédiablement.

Ben a dix ans lorsqu'un accident fatal fauche la jeune vie de son frère jumeau. Ravagée par la douleur, sa famille se disloque, mettant Ben face à des choix lourds à porter.

A dix-sept ans, un air de rock dans les oreilles, Ben cherche la voie du bonheur entre le lycée, les jolies filles, un job d'été et Erwan, son pote de toujours.

C'est une histoire d'avant les smartphones, les SMS, les snaps et Youtube. C'est un roman du temps où les Twix étaient des Raiders et où on enregistrait des cassettes pour son walkman.

Qui n'a pas rêvé un jour de se tromper de train, filer en sens inverse et prendre la poudre d'escampette ?

Joséphine, quarante-ans-et-quelques, entame et finit chaque journée ballottée dans le train-train du boulot, des petits soucis qui deviennent plus grands au fur et à mesure que les enfants deviennent ados, des doutes de plus en plus profonds quant à son couple. Un jour de pagaille dans les transports en commun, elle monte dans le mauvais train. Victime d'un accident, elle devra apprendre à reconstruire sa vie en mettant bout à bout rencontres heureuses et petits bonheurs, jusqu'à ce qu'un homme mystérieux et fascinant croise son chemin.

Mentions légales

Ce livre est protégé par les lois en vigueur sur les droits d'auteur et la propriété intellectuelle. Toute reproduction, diffusion ou modification partielle ou totale de cet ouvrage, par quelque procédé que ce soit, est strictement interdite sans l'accord écrit et préalable de son auteur. Cela constituerait une infraction sanctionnée par les articles L335-2 et suivants de Code de la propriété intellectuelle.

Couverture & titre

Photographie : @freepik, modifiée et retravaillée @LucieRenard.

Le titre *Bleue comme toi* est inspiré de la chanson du talentueux interprète et compositeur Etienne Daho « Bleu comme toi », sortie en 1988 dans son album « Pour nos vies martiennes ». Références dans la BOL. Cette chanson fait partie de celles qui ont bercé mon adolescence.

Note de l'auteure

Merci à vous qui venez de finir la lecture de ce roman. J'espère que vous aurez pris autant de plaisir à le lire que moi à l'écrire. Comme tous les auteurs auto-édités, j'ai aussi la lourde tâche d'effectuer la promotion de nos romans. Vous pouvez m'y aider : si cette lecture vous a plu et que vous souhaitez en faire part à de futurs lecteurs, n'hésitez pas à prendre un moment pour laisser un avis sur Amazon.

Vous pouvez aussi me retrouver et échanger avec moi sur *Facebook* https://www.facebook.com/LucieRenardAuthor/ , *Twitter* **@LucieRenardW** *et sur mon* ***blog*** *:* https://linvincibleetedelucie.wordpress.com

Bleue comme toi
©Lucie Renard 2020
Tous droits réservés
Format broché auto-édité via KDP
Prix de vente public France : 8,95€

Printed in Great Britain
by Amazon